Theodor Fontane

Effi Briest

Unterrichtsvorschläge
und Kopiervorlagen

Fritz L. Hofmann

Inhalt

Fontanes Roman *Effi Briest* behauptet seit Jahrzehnten seinen Platz im geschriebenen wie auch im „geheimen" Kanon des Literaturunterrichts. Mit Recht. Handelt es sich doch um den einzigen deutschen Gesellschaftsroman des 19. Jahrhunderts von europäischem Rang. Neben diesem literarästhetischen Argument spricht eine Reihe von didaktischen Gründen für die Beschäftigung mit diesem Roman im Deutschunterricht:

– Als Roman des 19. Jahrhunderts ist er geeignet, die Aufmerksamkeit auf die Geschichtlichkeit kultureller Phänomene zu lenken und somit zur Relativierung des eigenen Standorts der Schülerinnen und Schüler und zu einem differenzierten Selbstverständnis beizutragen.

– Außerdem leistet die Auseinandersetzung mit tradierten Werthaltungen und Einstellungen ebenso einen Beitrag zur Ich-Identität wie die Auseinandersetzung mit gesellschaftlich-historisch bedingten Rollenbildern, wie sie gerade in *Effi Briest* eine wichtige Rolle spielen.

– Zusätzlich herausgefordert wird diese Auseinandersetzung im Fall von *Effi Briest* durch die strukturelle Besonderheit der perspektivischen Auffächerung des Erzählgegenstandes in verschiedene dialektische Gesprächskonstellationen.

– Im Rahmen der Vermittlung von kunst-, speziell literaturgeschichtlichem Epochenwissen kann *Effi Briest* insofern besondere Bedeutung erlangen, als Fontane hier wie auch in anderen Romanen ein eigenes Realismuskonzept verfolgt, das die gängigen Vorstellungen eines konsequenten Realismus relativiert und weiterentwickelt, indem es etwa in seiner Leitmotiv- und Symboltechnik schon auf Erzählstrukturen des frühen 20. Jahrhunderts vorausweist. Analog deuten sich auch auf der inhaltlichen Ebene des Romans Bezüge zu kulturellen und im weiteren Sinne künstlerischen Tendenzen der Jahrhundertwende an.

Zwar ist *Effi Briest* zunächst einmal ein Eheroman in der Tradition des 19. Jahrhunderts. Gleichzeitig handelt es sich aber auch um einen im preußischen Kernland spielenden Zeit- und Gesellschaftsroman, der auf gesellschaftliche Verhältnisse und geistige Tendenzen des gründerzeitlichen Wilhelminismus reagiert. Aber schon der im Eheroman gestaltete Grundkonflikt Effis zwischen dem Anspruch der Gesellschaft an das Individuum und dessen subjektivem Glücksanspruch ist gesellschaftlich determiniert, und gerade „der Gesellschaftszustand, das Sittenbildliche, das versteckt und gefährlich Politische, das diese Dinge haben"[1], findet Fontanes besonderes Interesse.

Gesellschaftliches im weitesten Sinne findet sich somit als durchgängiger Subtext im Roman. Die vorliegenden Unterrichtsvorschläge streben daher keine rigide Separierung von textimmanenten und textexternen Erschließungsansätzen an. Die Abfolge der Sequenzen ist an zwei sich überlagernden Prinzipien orientiert: möglichste Nähe zur Progression der Handlung und Strukturierung dieser Handlungsschritte durch übergeordnete Aspekte, welchen die einzelnen Sequenzen inhaltlich oder formal nach bestimmten Schwerpunkten zugeordnet sind. Zusatzinformationen zur Situation der Frau oder zur politisch-gesellschaftlichen Situation im Preußen des ausgehenden 19. Jahrhunderts werden solchen Teilsequenzen zugewiesen, für die sie funktional bedeutsam sind.

Beim Einsatz der Kopiervorlagen sollte möglichst große Flexibilität gewährleistet sein. Daraus ergibt sich eine weit gehend additive Tendenz der thematischen Abfolge. Dort, wo es sich anbietet oder zwingend notwendig erscheint, wird auch das hermeneutische Prinzip berücksichtigt und teilweise auch zusätzlich auf Verknüpfungen zwischen bestimmten Teilsequenzen hingewiesen. Die Vorschläge können keine Totalinterpretation bieten, wollen anhand ausgewählter Textbeispiele und Aspekte vielmehr zu vertiefender Lektüre und Auseinandersetzung mit dem Roman anregen.

Da die Kopiervorlagen unmittelbar an die Schülerinnen und Schüler gerichtet sind, verbieten sich Hinweise zur Unterrichtsgestaltung weit gehend. Gelegentlich werden im Lehrerkommentar Anregungen zum Einsatz bestimmter Arbeitsformen gegeben, meist bleibt die methodische Durchführung im Detail jedoch der Lehrkraft auf der Grundlage ihrer Einschätzung der jeweiligen Lerngruppe anheimgestellt.

Konzipiert sind die Unterrichtsvorschläge für Grund- und Leistungskurse der Sekundarstufe II, bei entsprechender Reduktion des Anspruchs können sie aber durchaus auch in einer aufgeschlossenen 10. Klasse eingesetzt werden.

1 Fontane am 2. 7. 1894 an F. Stephany. In: ders.: Briefe, a. a. O., S. 339

Leseeindrücke

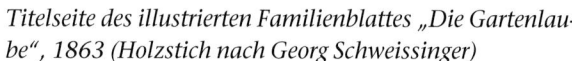

Foto: akg-images

Titelseite des illustrierten Familienblattes „Die Gartenlaube", 1863 (Holzstich nach Georg Schweissinger)

Ludwig von Zumbusch: Titelseite der Zeitschrift „Jugend" (München, 1896)

Das Programm der „Gartenlaube" (1853–1944) lautete: „[…] Fern von aller raisonnierenden Politik und allem Meinungsstreit in Religions- und anderen Sachen wollen wir euch in wahrhaft guten Erzählungen einführen in die Geschichte des Menschenherzens und der Völker […]." Damit etablierte sie sich als typische Familienzeitschrift des damaligen deutschen Bürgertums.

Die „Jugend" erschien von 1896 bis 1940, ihre Bedeutung als Kunst- und Kulturzeitschrift endete allerdings mit dem 1. Weltkrieg. Der Jugendstil als Kunstrichtung der Jahrhundertwende leitete seinen Namen von dieser Zeitschrift ab.

Viele Romane Theodor Fontanes erschienen, wie damals üblich, vor der eigentlichen Buchausgabe in Fortsetzungen als Vorabdruck in populären Zeitschriften.

▶ **1** Entwerfen Sie (gestützt auf die oben stehenden Informationen und die beiden Titelbilder) jeweils stichwortartig ein Kurzporträt der „Gartenlaube" und der „Jugend".

▶ **2** In welche Zeitschrift würde Ihrer Meinung nach ein Vorabdruck von *Effi Briest* gepasst haben?
Stützen Sie Ihre Einschätzung auf inhaltliche Aspekte des Romans.

▶ **3** Informieren Sie sich im Zusammenhang mit der Entstehungsgeschichte von *Effi Briest* über Fontanes Stellung zur „Gartenlaube" (SBB, S. 346 f.) und recherchieren Sie im Internet mögliche Bezugspunkte Fontanes zum Jugendstil.

Leseeindrücke

Diese Einstiegsphase zielt auf Aspekte der Erstrezeption der Schülerinnen und Schüler. Die beiden gegensätzlichen Titelbilder sollen in erster Linie zu Äußerungen motivieren, aber auch schon für Fragen der ästhetischen Qualität und für mögliche Ambivalenzen der Autorintention sensibilisieren.

▶ **1**
„Die Gartenlaube"
– grafische Gestaltung (einschließlich der Typografie) ist biedermeierlicher Genremalerei des frühen 19. Jahrhunderts verpflichtet, trivial und kitschig wirkend; statischer Bildaufbau
– Personengruppen traditionelle patriarchale Rollenmuster erinnernd: in der Laube eine kleine Männerrunde in ernsthaftem Gespräch; davor zwei Frauen freundschaftlich plaudernd; draußen, etwas abseits, ein erwachsener Mann und ein Jüngling, ehrfurchtsvoll vom Anblick der Natur ergriffen; darunter die allegorisierende Darstellung zweier Männer, zwei Generationen und die Liebe zu Kunst und Wissenschaft verkörpernd
– insgesamt: Apotheose einer heilen, harmonischen Welt, als deren Garant ein Generationen übergreifender Konsens materieller und ideeller Werthaltungen des Bürgertums erscheint, wie er in der klassisch-idealistischen Epoche (vgl. Schillers *Glocke*) vorgegeben ist
– Die inhaltliche Linie ist weit gehend diesen Werten der bürgerlichen Kultur verpflichtet.
„Jugend"
– in Typografie und Bildgestaltung völlig Neues bietend; sehr dynamischer Bildaufbau
– zwei schlanke, frühlingshaft gekleidete junge Frauen, deren wehende Kleider den natürlichen Bewegungsfluss unterstreichen
– zwischen den beiden Frauen, von ihnen gepackt und schwungvoll mitgerissen, ein greisenhaft wirkendes Männchen mit flatternden Frackschößen
– Handlungsinitiative der (jungen) Frau als Umkehrung des gesellschaftlich tradierten patriarchalen Rollenklischees
– insgesamt: programmatischer Ausdruck einer Leben, Gesellschaft und Kunst erfassenden Aufbruchbewegung
– Inhaltlich wird die „Jugend" eher eine kritische Linie gegenüber der Bürgerkultur der Gründerzeit vertreten.

▶ **2** In der Diskussion könnten u. a. folgende Überlegungen vorgebracht werden:
„Die Gartenlaube"
– Der Plot, v. a. der sentimental wirkende Schluss, erinnert teilweise an triviale Eheromane der „Gartenlaube" (Marlitt) oder Rosamunde Pilchers.
– Die Wertvorstellungen der im Roman porträtierten gesellschaftlichen Führungsschicht entsprechen der in der „Gartenlaube" vertretenen konservativen Haltung.
– Trotz punktueller Infragestellung einzelner Positionen erscheint keine Alternative.
„Jugend"
– Die dargestellte konservative Gesellschaft erscheint in ihrem Wertekanon überwiegend unmenschlich.
– Fontane vertritt in *Effi Briest* keineswegs die Idylle vom trauten Heim als einem sicheren Hort.
– Einige Sympathieträger im Figurenensemble (Gieshübler, die Trippelli, Roswitha) haben sich teilweise von den starren adelig-bürgerlichen Konventionen und Normen gelöst.
– Der Gegensatz von Alt und Jung scheint gelegentlich als latent konfliktträchtiges Potenzial durch.

Als vorläufiger Ersteindruck ergibt sich: Ebenso wenig wie der Roman sich einer der beiden konträren Zeitschriften zuordnen lässt, lässt sich auf den ersten Blick der Standort des Autors oder gar eine Parteinahme im gesellschaftlich-kulturellen Kräftefeld der Epoche bestimmen. Es bleibt die Frage, ob es sich vielleicht tatsächlich nur um eine banale Ehebruchsgeschichte handelt.

▶ **3** Auch in dieser Hinsicht ist Fontanes Position ambivalent: Einerseits hat er vor *Effi Briest* wiederholt in der „Gartenlaube" veröffentlicht, auch sollte ursprünglich die Erstfassung des Romans dort erscheinen. Andererseits war er Mitglied im Redaktionsausschuss von „Pan", der bedeutendsten Jugendstil-Kunstzeitschrift, und publizierte ab 1895 hier selbst noch Beiträge, allerdings teilweise mit deutlichen Vorbehalten gegenüber manchen Autoren der jüngeren Generation.

6

Von der Vorlage zum Roman

> Die ganze Geschichte ist eine Ehebruchsgeschichte wie hundert andre mehr [...].
>
> *Theodor Fontane über die Ardenne-Affäre; SBB, S. 349*

▶ **1** Überprüfen Sie, inwieweit dieses Allgemeinurteil Fontanes auch für seinen Roman gilt, indem Sie die realen Fakten der zeitgenössischen Ehebruchsaffäre (S. 348 ff.) mit der im Roman erzählten Wirklichkeit vergleichen. Stellen Sie auffallende Gemeinsamkeiten und Unterschiede einander tabellarisch gegenüber:

Gemeinsamkeiten	
Ardenne-Affäre	**Änderungen Fontanes**
Von Fontane zusätzlich eingeführte Motivkomplexe	

▶ **2** Welche Aspekte hat Fontane durch seine Änderungen gegenüber der Vorlage besonders herausgehoben?

▶ **3** Inwieweit unterstreicht die Grobstruktur des Romans diese Einschätzung?

▶ **4** Ordnen Sie in der folgenden Tabelle den einzelnen Handlungsräumen stichwortartig inhaltliche Schwerpunkte zu. Erfassen Sie deren jeweilige Zeitdauer in Monaten („erzählte Zeit") und setzen Sie diese ins Verhältnis zur Seitenzahl („Erzählzeit"). Vergleichen Sie Ihr Ergebnis mit dem von ▶ **1**.

Handlungsraum	Hohen-Cremmen	Kessin	Berlin	Hohen-Cremmen
Inhaltsschwer-punkt				
Zeitdauer				
Seitenzahl				
Seiten/Monat				

Von der Vorlage zum Roman

▶1   **Tafelbild**

Gemeinsamkeiten	
– Charaktere der beiden Frauen; glückliche Kindheit und Jugend, Hang zu wilden Spielen – Geschehensablauf im Ganzen: berufliche Beanspruchung/Karriere des Mannes → Entfremdung der Ehepartner; Ehebruch mit Freund der Familie, der jeweilige Partner tötet den Liebhaber im Duell, Ehescheidung; Kinder werden Ehemann zugesprochen	
Ardenne-Affäre	**Änderungen Fontanes**
Ardenne 5 Jahre älter als seine Frau	Innstetten 22 Jahre älter, ehemaliger Verehrer von Effis Mutter
Heirat mit 19 nach längerer Werbungsphase und Verlobung	mit knapp 17 unvermittelte Heirat der kindlichen Effi
nach 12 Ehejahren Ehebruch aus Liebe, Pläne zur Wiederheirat	nach knapp anderthalb Jahren Ehe aus Langeweile und Einsamkeit eine Affäre mit einem notorischen Verführer
Ehebruch, Entdeckung und Duell unmittelbar aufeinanderfolgend	Entdeckung der Affäre sechseinhalb Jahre nach ihrem Ende; Reaktion Innstettens (Duell, Verstoßen Effis) erscheint problematisch.
Ardenne geht neue Ehe ein, seine geschiedene Frau beginnt neues Leben als Krankenpflegerin und stirbt mit 99 Jahren.	Innstetten sieht sein Leben gescheitert. Nach gesellschaftlicher Ächtung und kurzem Siechtum stirbt Effi, in ihr Elternhaus zurückgekehrt, 30-jährig.
Von Fontane zusätzlich eingeführte Motivkomplexe: breite Thematisierung des Preußentums, tragende Rolle des „Angstapparats", Bismarck als Hintergrundfigur	

▶2
– Effis Elternhaus erlangt besondere Bedeutung.
– Der Altersunterschied der Ehepartner wird bedeutsam.
– Das Geschehen erhält einen starken Zeitbezug.
– Der Chinese bekommt Verweischarakter.

Die banale, private Ehegeschichte der Vorlage wird durch die Hereinnahme charakteristischer Motive des Zeitalters zu einem zeittypischen Fall erhoben, aus einem banalen Geschehen wird eine sinnbestimmte Geschichte.

▶3 Die grobe Abfolge der Handlungsräume Hohen-Cremmen – Kessin – Berlin – Hohen-Cremmen ergibt eine zyklische Struktur der äußeren Handlung. Das Elternhaus erhält dadurch besondere Bedeutung für die Autorintention.

▶4   **Tafelbild**

Handlungsraum	Hohen-Cremmen	Kessin	Berlin	Hohen-Cremmen
Inhaltsschwerpunkt	Elternhaus und kindliches Spiel, Verlobung, Hochzeit	Hochzeitsreise, Ehe- und Gesellschaftsleben	Versuch eines Neubeginns, Katastrophe, Abstieg	Aufnahme nach Ausstoßung aus der Gesellschaft
Zeitdauer	ca. 3 Monate	18 Monate	113 Monate	13 Monate
Seitenzahl	40	169	97	27
Seiten/Monat	13,3	9,3	0,85	2,0

Ungeachtet der Tatsache, dass sich in allen Erzählblöcken durch die Zeitgestaltung (z. B. szenisches Erzählen in den Dialogen) gegenüber starker Raffung auch Dehnungsphasen mit besonderer Gewichtung finden, profiliert das sich ergebende Ungleichgewicht von Erzählzeit und erzählter Zeit zwischen den einzelnen Blöcken Fontanes Darstellungsschwerpunkt: die Herausarbeitung der Persönlichkeitsstrukturen der Protagonisten in ihrer Interdependenz mit den gesellschaftlichen Rahmenbedingungen als Voraussetzung des Ehebruchs und seiner gesellschaftlichen Folgen.

8

Hohen-Cremmen als Raum der Kindheit

Stiftung preußische Schlösser und Gärten Berlin-Brandenburg/Foto: Wolfgang Pfauder, 2005

Schloss Sacrow

Schloss Sacrow bei Potsdam (südwestlich von Berlin) diente Fontane nach Auffassung des Malers Max Liebermann (1847–1935) als Vorlage zum Herrenhaus in Hohen-Cremmen.
Von der spätbarocken Entstehungszeit ab 1773 zeugen die heute noch erhaltene Sonnenuhr mit Rondell und der axiale Weg.

> Das erste Kapitel ist immer die Hauptsache […]. Bei richtigem Aufbau muss in der ersten Seite der Keim des Ganzen stecken.
>
> *Theodor Fontane: Briefe, a. a. O., S. 26*

▶ **1** Lesen Sie SBB, S. 9_2–10_5 des Romananfangs und zeichnen Sie eine schematische Skizze von Herrenhaus und Garten. Welchen Eindruck des Handlungsraumes vermittelt Fontane mit seiner Schilderung?

▶ **2** Welche inhaltlichen Details unterstützen diesen Eindruck?

▶ **3** Inwieweit können Sie im Romananfang den „Keim des Ganzen" erkennen?

Hohen-Cremmen als Raum der Kindheit

▶ **1** Stilistisch suggeriert die Eingangspassage realistische Genauigkeit. Fontane hat jedoch im Detail gegenüber der topografischen Wirklichkeit des Herrenhauses in Sacrow signifikante Änderungen vorgenommen (z. B. Sonnenuhr inmitten des Rondells, Kirchhofsmauer, Efeu, wilder Wein), sodass sich die einzelnen Gegebenheiten in ihrem Wechselbezug zu einem Tableau fügen, das über die realistische Darstellungsfunktion hinaus Verweischarakter erhält.

Effis Elternhaus und Garten, angelegt als ein durch einen Teich begrenztes „Hufeisen", vermitteln auf den ersten Blick in ihrer Abgeschlossenheit nach außen den Eindruck von Ordnung und Geborgenheit, in der Offenheit des Ensembles nach innen den von Weite und Freiheit.

▶ **2** Im Garten selbst konkurrieren unterschiedliche Gestaltungsprinzipien miteinander. Das von den Gebäudeteilen und der Kirchhofsmauer gebildete Hufeisen schließt ein Blumenrondell mit Sonnenuhr und einen Ziergarten ein – eine Anlage, die in ihrer Regelmäßigkeit die barocke Vorstellung von der Domestizierung der Natur durch Rationalität und Ordnung widerspiegelt. Indem die Briests dieses ursprüngliche Konzept Generationen hindurch beibehalten haben, scheinen auch die jetzigen Bewohner der Familientradition und diesem Prinzip verpflichtet. Mit der unmittelbaren Nachbarschaft von adeligem Herrenhaus und Kirche verweist der Erzähler zudem auf die für Preußen traditionelle Nähe von Thron und Altar als Garant dieser Ordnung, unterstrichen durch den an der Verbindung beider Anwesen wachsenden Efeu als traditionelles Symbol der Treue.

Den Gegenpol zu diesem geschützten Bereich bildet der an die offene Hufeisenseite anschließende naturnahe Landschaftsgarten, in dem Wasser als eine ursprüngliche, sich dem ordnenden Eingriff entziehende Elementarkraft und Boot für die Verlockung stehen, sich der sicheren Ordnung zu entziehen und dem Abenteuer des Fremden zu öffnen. Ebenso lädt die – schon leicht baufällige – Schaukel dazu ein, sich schwebend in die Luft, über das fest Gegründete zu erheben.

Sowohl der Eindruck absolut gesetzter preußisch strenger Ordnung als auch der einer nachhaltigen Gefährdung dieser Ordnung durch ungezügelte Hingabe an das Elementare wird jeweils relativiert. Im barock abgezirkelten Rondell wächst neben dem exotischen Canna indica ganz banaler Rhabarber, und um die zum Garten hin offenen Fenster rankt wilder Wein, ebenso wirken, betont durch ein adversatives „aber", „ein paar mächtige alte Platanen" in ihrer Verwurzelung als Korrektiv zu den mit dem Handlungsraum konnotierten möglichen Gefährdungen. Dass Effis Reich der Kindheit letztlich als paradiesische Idylle erscheint, ergibt sich schließlich auch daraus, dass die im Schatten liegende Sonnenuhr funktionslos geworden und die Zeit aufgehoben ist.

▶ **3** Vor dem Hintergrund der durch vorgängige Lektüre des Romans erworbenen Textkenntnis wird erkennbar, dass eine Reihe von Details dieses Romananfangs über ihre jeweils kontextuelle Bedeutung hinaus Verweis- und Vorausdeutungscharakter haben und durch ihre Wiederkehr im Roman eine Struktursymbolik begründen, die im Teil immer auch das Ganze präsent hält.

Tafelbild	
	Verweis bzw. Vorausdeutung auf
Elternhaus als Ganzes	in Tradition und Herkommen verwurzelte Sicherheit, paradiesische Geborgenheit
Nebeneinander von Adelssitz und Kirche	Bedeutung des preußischen Wertekanons
Opposition von Regelhaftigkeit, Ordnung und elementarer Natur	die handlungsbestimmende Konfliktlage Effis
Nebeneinander von exotischem Canna indica und bodenständigem Rhabarber	Effis Hang zum Aparten versus traditionsgebundene Umgebung
Rondell mit „toter" Sonnenuhr	Effis späteres Grab
Schaukel, Wasser, Kahn	Offenheit für Abenteuer und das Fremde

Effi – Naturkind und Tochter der Luft

Lithografie Max Liebermanns zu „Effi Briest"

Schöner aber als alles das war, für mich wenigstens, eine zwischen zwei Holzpfeilern angebrachte, ziemlich baufällige Schaukel. Der quer überliegende Balken fing schon an, morsch zu werden und die Haken, an denen das Gestell hing, saßen nicht allzu fest mehr. Und doch konnt ich gerade von dieser Stelle nicht los und setzte meine Ehre darin, durch abwechselnd tiefes Kniebeugen und elastisches Wiederemporschnellen, die Schaukel derartig in Gang zu bringen, dass sie mit ihren senkrechten Seitenbalken zuletzt in eine fast horizontale Lage kam. Dabei quietschten die rostigen Haken, und alles drohte, zusammenzubrechen. Aber das gerade war die Lust, denn es erfüllte mich mit dem wonnigen und allein das Leben bedeutenden Gefühle: Dich trägt dein Glück.

Theodor Fontane: Meine Kinderjahre. Frankfurt a. M., Berlin, Wien: Ullstein 1979, S. 41 f.

▶ **1** Lesen Sie SBB, S. 9_{29}–13_{32}, S. 16_{35}–20_{28} und S. $25_{3–15}$.
Setzen Sie Luise, Briest und Effi zur Raumgestaltung in Beziehung.
Berücksichtigen Sie Verhalten und, soweit beschrieben bzw. erschließbar, Kleidung und Werthaltung der Figuren.

▶ **2** Erläutern Sie anhand des Zitats aus Fontanes *Kinderjahren* und der Textstellen S. $40_{15–18}$ und S. $136_{19–23}$ sowie unter Bezug auf Fontanes Kindheitserinnerung die Charakterisierung Effis als „Tochter der Luft".

▶ **3** Diskutieren Sie vor dem Hintergrund der bisherigen Ergebnisse, welche Funktion das Spiel „Schlusenversenken" im Romanzusammenhang haben kann.

Effi – Naturkind und Tochter der Luft

▶ **1** Auch bei der Exposition der Protagonistin und ihrer Mutter steht Äußeres für Inneres. Nur Briest gibt seine Einstellung undiplomatisch direkt im Gespräch bekannt.

Von den drei Hauptfiguren ist Luise (zum Namen vgl. SBB, S. 386) am stärksten Tradition und Ordnung sowie gesellschaftlichen Normen verpflichtet, wie u. a. ihre Beschäftigung beweist: In der Tradition christlicher adeliger Damen stickt sie an einer Altardecke. Briest dagegen bekennt sich im expliziten Vergleich mit dem wilden Wein (S. 25$_{14}$) zumindest in Karrierefragen unabhängig von gesellschaftlichen Zwängen und Erwartungshaltungen. Effis Position zwischen Tradition sowie gesellschaftlich reglementierter Ordnung und elementarer Natur ist ambivalent. Sie befolgt, es spielerisch ironisierend, das Ord-nungsgebot der Mutter (Schlusenbestattung), folgt auch der von der Mutter verinnerlichten Tradition, allerdings ohne Ausdauer. Sie unterbricht „[d]iese langweilige Stickerei" (S. 12$_{25\,f.}$) mehrfach, wendet sich in natürlicher Spontaneität lieber Tätigkeiten zu, die für ein adliges Mädchen ihres Alters weniger typisch, teilweise auch unkonventionell sind: gymnastischen Übungen und Schaukeln. Hierzu passt ihr einfaches kittelartiges Matrosenkleid, das sie eher einem Schiffsjungen ähneln lässt, als dass es auf eine zukünftige Dame der Adelsgesellschaft deutet. Dass Effi dieser ihr zugedachten Rolle nicht durchweg zu entsprechen vermag, zeigt sie auch im kindlichen Spiel mit ihren Freundinnen und in der frivolen Bereitschaft, auf Oberst Götzes Schoß „hopp, hopp" zu reiten (S. 11$_{15\,f.}$).

▶ **2** Luise prägt die Metapher gelegentlich Effis Vorliebe für turnerische Übungen, speziell das Schaukeln („am Trapez", S. 11$_6$), meint dabei aber mehr als Bewegungsdrang. Auf S. 136 verbindet der Erzähler aus Effis Perspektive das Schaukeln sowohl mit der Bewegung des Fliegens als auch mit einem „Schauer süßer Gefahr". Diese Angstlust, die Fontane als sein zentrales Kindheitserlebnis anspricht, weist auf die Ambivalenz des Schaukelmotivs hin: Der Lust an Gefahr und Risiko des Durch-die-Luft-Fliegens entspricht in der Erhebung über die einschrän-kende Realität ein Gefühl von Freiheit und Glück. Losgelöst vom sicheren Boden des Realitätsprinzips, birgt das Schaukeln andererseits aber auch die Gefahr des Absturzes. Insofern ist die Metapher „Tochter der Luft" eine Abbreviatur für Effis zwiespältiges Verhältnis zur gesellschaftlichen Realität, für ihren Hang zum Aparten und Fantastischen im weitesten Sinn. In Verbindung mit dem Schaukelmotiv weist sie auf das Abenteuer mit Crampas und seine fatalen Konsequenzen voraus.

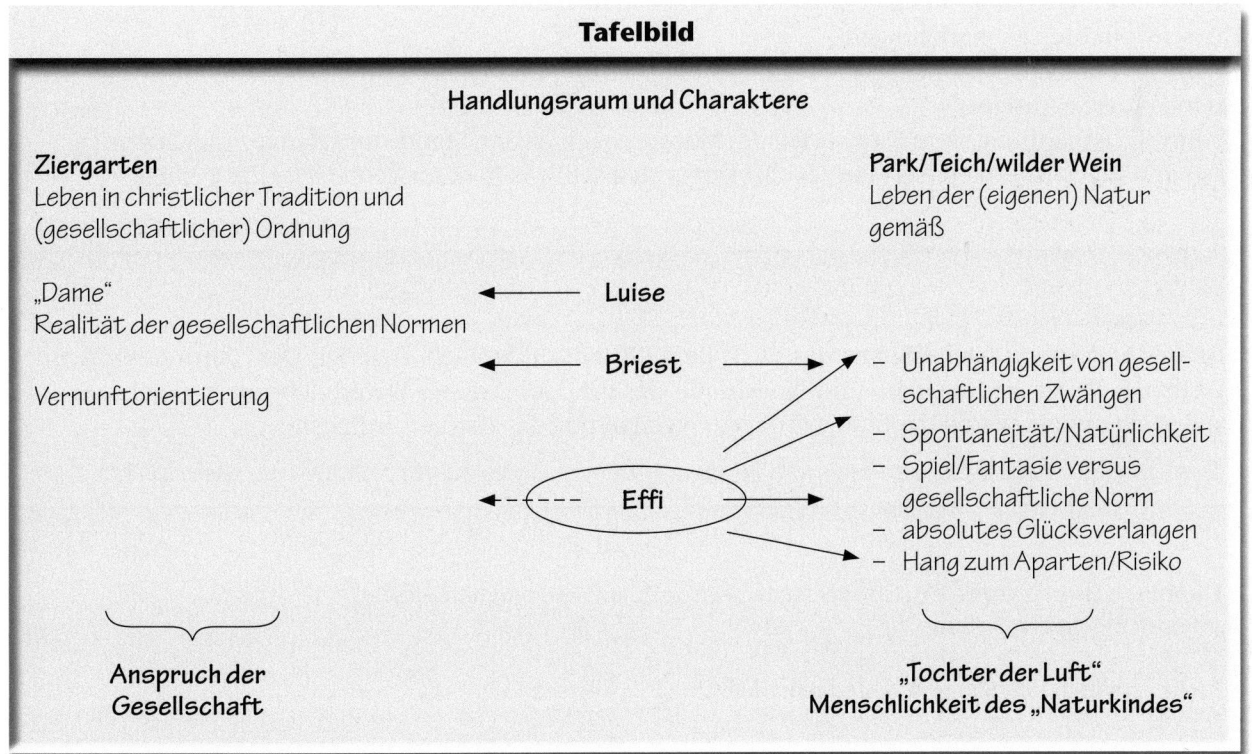

Tafelbild

Handlungsraum und Charaktere

Ziergarten
Leben in christlicher Tradition und (gesellschaftlicher) Ordnung

Park/Teich/wilder Wein
Leben der (eigenen) Natur gemäß

„Dame"
Realität der gesellschaftlichen Normen

Vernunftorientierung

Luise

Briest

Effi

– Unabhängigkeit von gesellschaftlichen Zwängen
– Spontaneität/Natürlichkeit
– Spiel/Fantasie versus gesellschaftliche Norm
– absolutes Glücksverlangen
– Hang zum Aparten/Risiko

Anspruch der Gesellschaft

„Tochter der Luft"
Menschlichkeit des „Naturkindes"

▶ **3** Auch das Spiel auf dem Wasser ist Hinweis auf Effis Affinität zu einem weiteren unzuverlässigen Element und korrespondiert mit dem späteren Schauplatz des Ehebruchs an der Ostsee. Im Spiel selbst nimmt die Protagonistin, das grausame Schicksal früherer Ehebrecherinnen schildernd, ihr eigenes Schicksal vorweg.

Frauenrolle und Ehe im späten 19. Jahrhundert

I Das Dasein der bürgerlichen Frau – und dies gilt ähnlich auch für die adlige – legitimiert sich allein aus dem Status als Ehefrau und Mutter; Ehe und Familie sind die einzig sozial anerkannten weiblichen Lebensziele. [...] Der weibliche Wirkungskreis ist ganz aufs Private beschränkt; er dient ausschließlich der Regeneration des Mannes, der Fortpflanzung und der Aufzucht der Kinder. Frauen werden bewusst naiv, ahnungslos gegenüber den Realitäten des Lebens, wie Politik, Arbeits- und Sozialverhältnissen, aber auch Sexualität, gehalten. [...] 5

Höhere Töchter lernen auf privaten Mädchenschulen [...], weiterführende Gymnasien gibt es für Mädchen nicht. [...] Auch in den Lehrplänen spiegelt sich die künftige Bestimmung für Haus und Herd. Sie sind vorwiegend musisch ausgerichtet, mit besonderem Gewicht auf Deutsch und Religion und unter Vernachlässigung der Naturwissenschaften. Mehr und spezielleres Wissen, „Gelehrsamkeit" also, gilt als unweiblich und wird abgelehnt, weil es die Heiratschancen mindert. 10 15

Ziegler, Erler, a. a. O., S. 113 ff.

II **Preußisches Allgemeines Landrecht**

§ 1 Der Hauptzweck der Ehe ist die Erzeugung und Erziehung der Kinder.

§ 184 Der Mann ist das Haupt der ehelichen Gesellschaft; und sein Entschluß giebt in gemeinschaftlichen Angelegenheiten den Ausschlag.

§ 188 Der Mann ist schuldig und befugt, die Person, die Ehre, und das Vermögen seiner Frau, in und außer Gerichten zu vertheidigen.

§ 189 In der Regel kann daher die Frau, ohne Zuziehung und Einwilligung des Mannes, mit Andern keine Prozeße führen.

§ 194 Sie ist schuldig, dem Hauswesen des Mannes nach dessen Stande und Range vorzustehn.

§ 195 Wider den Willen des Mannes darf sie für sich selbst kein besonderes Gewerbe treiben.

http://www.jura.uni-hannover.de

III Die Erwerbung nach diesem Gesetz ist dem Gegenstande nach dreierlei: Der Mann erwirbt ein Weib, das Paar erwirbt Kinder und die Familie Gesinde. Alles dieses Erwerbliche ist zugleich unveräußerlich und das Recht des Besitzers dieser Gegenstände das allerpersönlichste.

Immanuel Kant: Die Metaphysik der Sitten (1797). Werkausgabe, Bd. VIII. Frankfurt a. M.: Suhrkamp 1977, S. 389

▶ 1 Könnten Sie sich vorstellen, eine der beiden Personen auf der Fotografie zu sein? Begründen Sie Ihre Einstellung.

▶ 2 Wie verhalten sich Bild und Text I zueinander?

▶ 3 Wie ist die rechtliche Stellung der Frau nach dem von 1794–1900 geltenden Preußischen Allgemeinen Landrecht und bei Kant gefasst?

▶ 4 Wo sehen Sie Berührungspunkte mit *Effi Briest*?

▶ 5 Formulieren sie kurz die entscheidenden Veränderungen im heutigen Frauenbild und Eheverständnis.

Frauenrolle und Ehe im späten 19. Jahrhundert

▶ **1** Es handelt sich um ein für das gehobene Bürgertum der Gründerzeit typisches gestelltes Repräsentationsfoto. Die Schülerinnen und Schüler werden sich v. a. wegen der dargestellten Pose von dem Bild distanzieren: das Familienoberhaupt sitzend, zwischen Zeige- und Mittelfinger der aufgestützten rechten Hand eine Zigarre haltend, ihm gegenüber stehend die deutlich jüngere Ehefrau, im Begriff, mit einem brennenden Streichholz die Zigarre anzuzünden – ein Feierabendbild. Der Mann lächelt seine Frau aufmunternd an, sie schaut konzentriert und zufrieden auf das Streichholz. Die Szene wirkt (je nach Betrachter/in), als finde sich die Frau in der Rolle eines jungen Mädchens, das als Belohnung für besondere Artigkeit dem Gottvater gleichen Vater oder gar Großvater die Zigarre anstecken darf – eindeutig jedenfalls die untergeordnete Rolle der Frau als eine Art Spielzeug, an dessen Wohlgeratenheit der patriarchale Hausherr ein Wohlgefallen hat.

▶ **2** Die auf dem Foto und im Text II dargestellten sozialen Wirklichkeiten entsprechen einander unmittelbar. Das Bild verherrlicht die bürgerliche Ehe, die Frau scheint sich hier tatsächlich ganz auf die Regeneration des Mannes, der einen behaglichen Feierabend verdient hat, zu konzentrieren.

▶ **3** Rechtlich findet sich die Frau in der Stellung einer Unmündigen in einer Gesellschaft, die durchweg patriarchalisch strukturiert ist. Außerhalb des Hauswesens, wo sie bedingt Entscheidungen treffen kann, ist ihr jegliche Eigenverantwortung oder Selbstbestimmung genommen. Kant bringt die Situation nüchtern auf den Begriff: die Frau in einer Reihe mit Kindern und Gesinde als Gegenstand, der von seinem Besitzer erworben worden ist.

▶ **4** Diese Frage lässt sich zum jetzigen Stand der Besprechung nur kursorisch behandeln. Berührungspunkte mit *Effi Briest* ergeben sich jedoch allenthalben: die gemeinsame Stickerei an der Altardecke als Versuch der Mutter, Effi im Sinne der geltenden Normen zu sozialisieren; das bildungsferne Naturkind Effi auf Hochzeitsreise; wiederholt geäußerte Genugtuung Innstettens über Effis Unwissenheit; Effis fraglose Unterordnung unter elterliche Entscheidungen bei der Gattenwahl wie auch später unter den patriarchalischen Willen Innstettens, v. a. aber die Vorstellungen des Kessiner Landadels in Bezug auf Frauenrolle, Ehe und Erziehung.

▶ **5** Die grundsätzlichen Änderungen schreibt das geltende Grundgesetz fest, etwa:

Artikel 2 [Persönliche Freiheitsrechte]
    1 Jeder hat das Recht auf die freie Entfaltung seiner Persönlichkeit, soweit er nicht die Rechte anderer verletzt und nicht gegen die verfassungsmäßige Ordnung oder das Sittengesetz verstößt.
    2 Jeder hat das Recht auf Leben und körperliche Unversehrtheit. Die Freiheit der Person ist unverletzlich. In diese Rechte darf nur auf Grund eines Gesetzes eingegriffen werden.
Artikel 3 [Gleichheit vor dem Gesetz]
    1 Alle Menschen sind vor dem Gesetz gleich.
    2 Männer und Frauen sind gleichberechtigt. Der Staat fördert die tatsächliche Durchsetzung der Gleichberechtigung von Frauen und Männern und wirkt auf die Beseitigung bestehender Nachteile hin.
    3 Niemand darf wegen seines Geschlechtes, seiner Abstammung, seiner Rasse, seiner Sprache, seiner Heimat und Herkunft, seines Glaubens, seiner religiösen oder politischen Anschauungen benachteiligt oder bevorzugt werden. Niemand darf wegen seiner Behinderung benachteiligt werden.

„Weiber weiblich, Männer männlich" – Effi und Innstetten

dreamstone.com.au

John William Waterhouse: Mermaid
(Öl auf Leinwand, 98 x 67 cm, 1890)

I Der natürliche Mensch will leben, will weder fromm, noch keusch, noch sittlich sein, lauter Kunstprodukte von einem gewissen, aber immer zweifelhaft bleibenden Wert, weil es an Echtheit und Natürlichkeit fehlt. Dieses Natürliche hat es mir seit lange angetan, ich lege nur *darauf* Gewicht, fühle mich nur *dadurch* angezogen, und dies ist wohl der Grund, warum meine Frauengestalten alle einen Knax weghaben. Gerade dadurch sind sie mir lieb, ich verliebe mich in sie, nicht um ihrer Tugenden, sondern um ihrer Menschlichkeiten, d.h. um ihrer Schwächen und Sünden willen. [...] Dies alles um Cécile und Effi ein wenig zu erklären. 5

10

Theodor Fontane in einem Brief vom 10.10.1895
In: ders.: Briefe, a.a.O., S. 373

II Wir sehen, dass der Prozess der Zivilisation eine Veränderung des menschlichen Verhaltens und Empfindens in einer ganz bestimmten Richtung ist.
[Im Menschen] verfestigt sich eine eigentümliche Gewohnheitsapparatur, ein spezifisches „Über-Ich", das beständig seine Affekte im Sinne des gesellschaftlichen Aufbaus zu regeln, umzuformen oder zu unterdrücken trachtet. [...] Überlegung, Berechnung auf längere Sicht, Selbstbeherrschung, [...] werden zu unerlässlichen Voraussetzungen jedes sozialen Erfolgs.

Norbert Elias: Über den Prozess der Zivilisation. Bd. 2: Wandlungen der Gesellschaft.
Entwurf zu einer Theorie der Zivilisation. Frankfurt a. M.: Suhrkamp [8]1982, S. 312–370

▶ **1** Laut Briefäußerung (I) zielt Theodor Fontane mit Effi über das Individuelle hinaus auf einen bestimmten Weiblichkeitstypus. Diskutieren Sie, inwieweit Ihnen das Gemälde von Waterhouse zur Illustration dieses Typus geeignet erscheint.

▶ **2** Finden Sie – als Pendant zum „Naturkind" (SBB, S. 44$_5$) oder „natürlichen Menschen" – für den von Norbert Elias beschriebenen Typus (II) einen Begriff. Prüfen Sie anhand charakteristischer Situationen, inwieweit Innstetten diesen Typus verkörpert.
Ziehen Sie v. a. folgende Passagen heran: S.38$_{24}$–41$_{14}$; S. 43$_{29}$–44$_6$; S. 47$_{29}$–49$_{25}$; S. 56$_{25}$–58$_{34}$; S.78$_{16}$–79$_{10}$.

▶ **3** Diskutieren Sie, inwieweit dieses von Fontane favorisierte Weiblichkeitsmuster sich mit dem Rollenverständnis der Epoche vereinbaren lässt. Ziehen Sie dazu auch das folgende Zitat heran:

Die Vorliebe für diese „Meeres-und-Sturmflut-Mythologie" kann erklärt werden mit einer Sehnsucht des gründerzeitlichen Menschen nach dem Elementaren.. [...] Die Bewunderung der Moderne wurde von einer Verunsicherung der Menschen begleitet, die in einem Hang zur Rückkehr in sagen- und mythenhafte Zeiten ihren Ausdruck fand.

Karen Bauer: Fontanes Frauenfiguren. Zur literarischen Gestaltung weiblicher Charaktere im 19. Jahrhundert.
Frankfurt a. M.: Peter Lang. Europäischer Verlag der Wissenschaften 2002, S. 87

„Weiber weiblich, Männer männlich" – Effi und Innstetten

▶ **1** Fontane ordnet hier Effi einem archetypischen Weiblichkeitsmuster zu, das insofern dem „Naturkind" entspricht, als dieses, ungehemmt durch „Grundsätze", seinem elementaren Antrieb, d. h., seinen Wünschen, Gefühlen und seiner Fantasie folgt und daher dem gesellschaftlich Normierten, Vernünftigen unangepasst und unbeteiligt gegenübersteht. Auch die „Tochter der Luft" reiht sich so in diese Kategorie des „Andere[n] der Vernunft"[1] ein.

Im präraffaelitischen Gemälde erscheint dieses Weiblichkeitsmuster mythisch überhöht: Typus der Kindfrau, das lange brünette Haar, ihre Affinität zum Wasser (vgl. Effi in Hohen-Cremmen), die Mischung aus Unschuld und verführerischer Erotik; die Melusinengestalt als Hinweis auf das Elementare jenseits von historischer Zeit, Gesellschaft und Vernunft, sowie die Körperlichkeit dieses elbischen Wesens als provozierendes Zeichen der Indifferenz gegenüber Zivilisation, Kultur und moralischen Normen.

▶ **2** Die Einzelkriterien deuten auf ein komplementäres Männlichkeitsmuster („Verhöflichung der Krieger", Elias, a. a. O., S. 351), das analog zum fontaneschen (weiblichen) „natürlichen Menschen" z. B. als zivilisatorisch und gesellschaftlich motivierter Bezwinger der (eigenen) Natur bestimmt werden könnte.

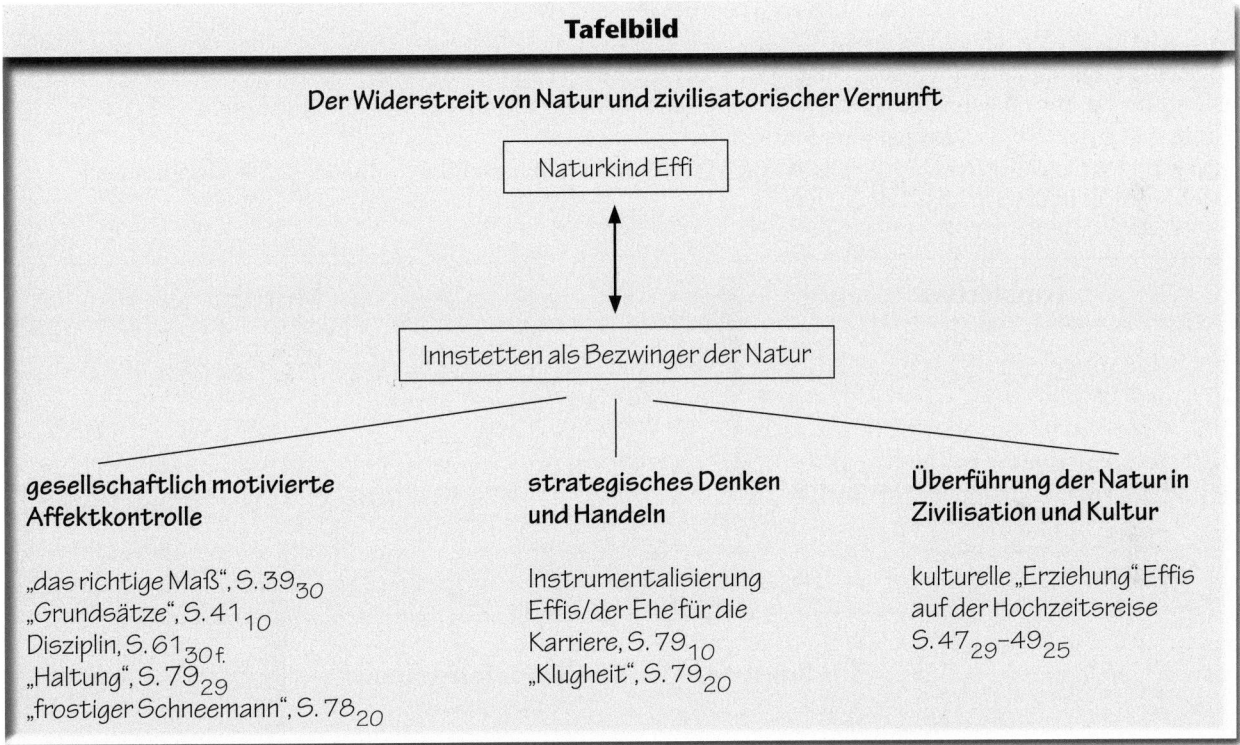

Tafelbild

Der Widerstreit von Natur und zivilisatorischer Vernunft

Naturkind Effi

⇕

Innstetten als Bezwinger der Natur

gesellschaftlich motivierte Affektkontrolle	strategisches Denken und Handeln	Überführung der Natur in Zivilisation und Kultur
„das richtige Maß", S. 39_{30} „Grundsätze", S. 41_{10} Disziplin, S. $61_{30 f.}$ „Haltung", S. 79_{29} „frostiger Schneemann", S. 78_{20}	Instrumentalisierung Effis/der Ehe für die Karriere, S. 79_{10} „Klugheit", S. 79_{20}	kulturelle „Erziehung" Effis auf der Hochzeitsreise S. 47_{29}–49_{25}

▶ **3** Während Innstetten das für die Gründerzeit repräsentative Männlichkeitsmuster verkörpert, das mit seiner instrumentellen Vernunft dem zivilisatorischen Fortschritt dient, hat Effi zumindest mit Teilaspekten ihres Wesens Anteil an einem mythischen weiblichen Gegenbild jenseits des gründerzeitlichen Rollenstereotyps. In der Gegenüberstellung von männlich-rational orientierter Gesellschaft und mythischem weiblichen Naturbezug lässt Fontane einen Weiblichkeitsaspekt anklingen, der in Kunst und Literatur zum etablierten Frauenbild der Gründerzeit zur Jahrhundertwende hin zunehmend in Konkurrenz tritt: die nicht domestizierte Femme fatale als erotisches Wunsch- und Angstbild zugleich. Im dialektischen Umschlag des Fortschrittspathos der Aufklärung in die Akzeptanz einer mythischen Herrschaft von Naturkräften zeigt sich gegen Ende des Jahrhunderts, lange bevor Freud es 1930 begrifflich fixierte, das „Unbehagen in der Kultur".

---

1 Vgl. Michael Andermatt: a. a. O., S. 192

Der Eheroman

Die Konventionsehe

> Solange die Welt steht, […] ist immer nach den „Verhältnissen" und nur sehr ausnahmsweise nach Liebe geheiratet worden. […] alles ist Pakt und Übereinkommen. „Die Liebe findet sich", und wenn sie sich nicht findet, so schadet es nicht. […] Unter allen Umständen aber bleibt es mein Kredo, dass, wenn von Uranfang an, statt aus Konvenienz und Vorteilserwägung, lediglich aus Liebe geheiratet [worden] wäre, der Weltbestand um kein Haarbreit besser sein würde, als er ist. […] Das Hin und Her vom Einen zum Andern, das Lieben auf Abbruch, die souveräne Machtvollkommenheit ewig wechselnder Neigungen über das Stabile der Pflicht, über das Dauernde des Vertrages, all das würde die Welt in ein unendliches Wirrsal stürzen […].
>
> *Theodor Fontane: Sämtliche Werke, Bd. XX/2. Hrsg. von Edgar Gross.*
> *München: Nymphenburger Verlagshandlung 1964, S. 691–693*

▶ **1** Welche Position bezieht Fontane hier zur Frage der Eheschließung?

▶ **2** Lesen Sie im Roman S. 15_{15}–16_{34}; S. 22_{20-31}; S. 24_{4-30}; S. 37_{31}–38_{12}; S. 78_{16}–79_9.
Wie kommt die Ehe Effis zu Stande (Anteile der einzelnen Personen, Motive Luises und Innstettens …)?
Warum fügt sich Effi dem Drängen ihrer Mutter?
Unterscheiden Sie dabei zwischen gesellschaftlich bestimmten und persönlich-individuellen Beweggründen.
Tragen Sie diese in das Schaubild ein:

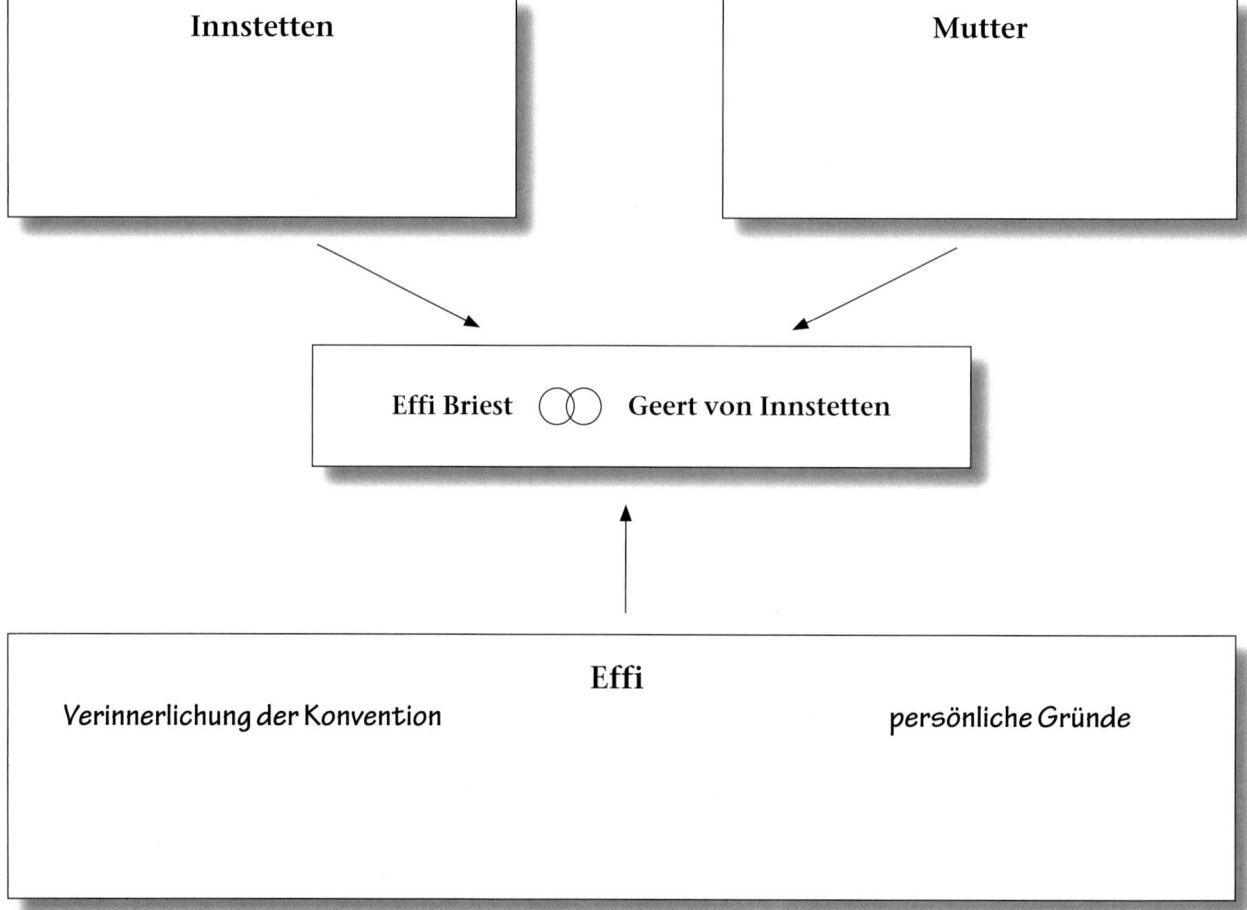

▶ **3** Nachdem Effi und Innstetten sich auf Hochzeitsreise begeben haben, schreibt Luise einen Brief an Effis Patentante, in dem sie über bestimmte Auffassungen und Verhaltensweisen Effis während der Verlobungszeit reflektiert, die ihr als kein gutes Vorzeichen im Hinblick auf die Ehe ihrer Tochter erscheinen. Was könnte ihr aufgefallen sein?
Ziehen Sie dazu S. 11_{1-26}; S. 25_{33-28}; S. 32_{1-41}; S. 44_{26}–47_{28} heran und schreiben Sie diesen Brief.

Die Konventionsehe

▶ 1 Fontane plädiert hier gegen die romantische Liebesheirat und für die Vernunftehe (gleichbedeutend mit Standes- oder Konventionsehe), bei der das Gebot der Zweckmäßigkeit an erster Stelle steht. Ihren pragmatischen Nutzen sieht er in stabilen Verhältnissen als Gewähr für den Bestand von Ehe und Gesellschaft. Allerdings ist sein Ansatz, anders als bei der herrschenden gesellschaftlichen und rechtlichen Konvention, nicht die untergeordnete Rolle der Frau.

▶ 2 Effi akzeptiert die ihr innerhalb dieses Rahmens zugedachte Rolle, lässt als Objekt über sich verfügen und heiratet einen Mann, den sie allenfalls vielleicht in der Zukunft einmal lieben könnte.

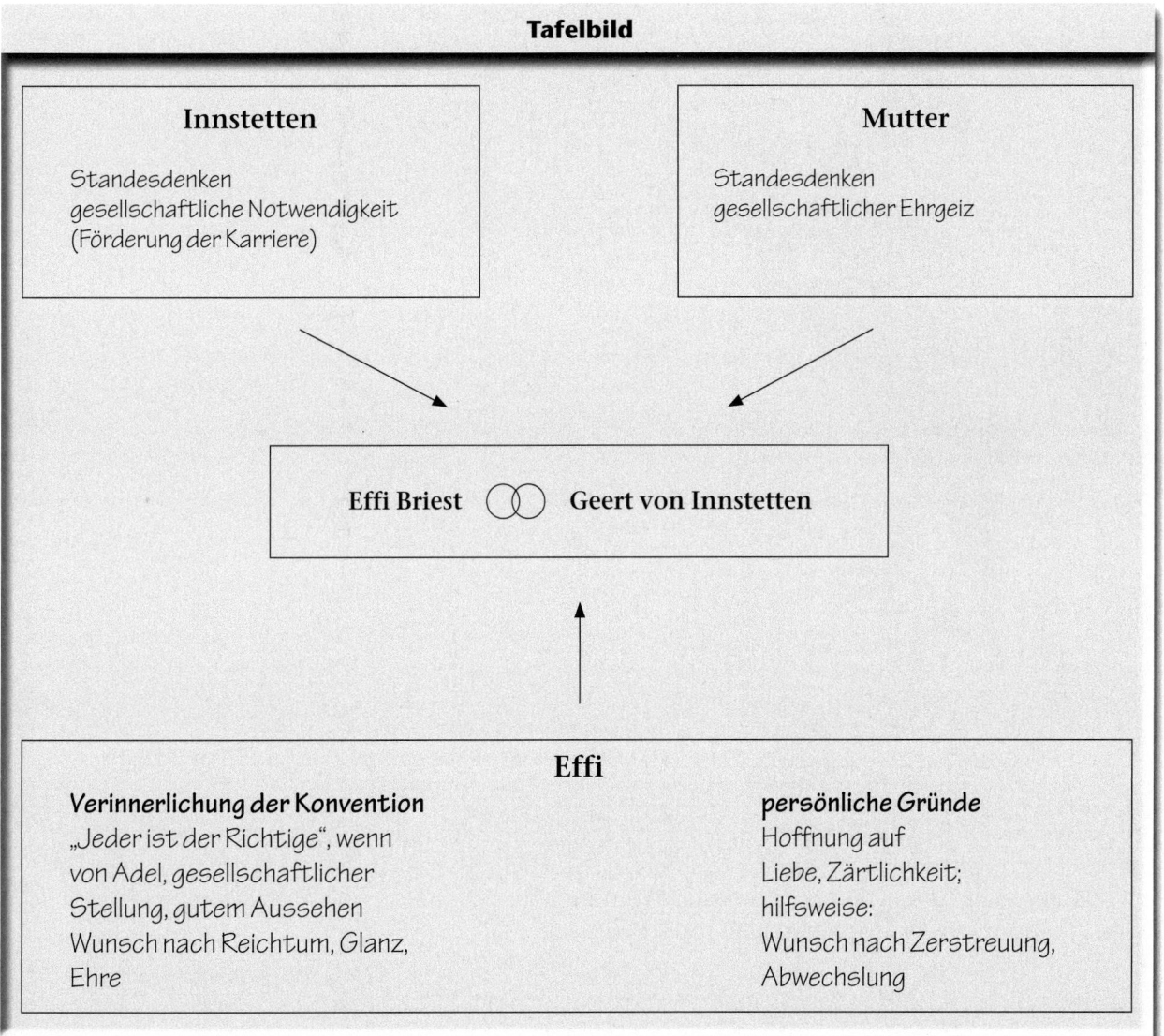

Tafelbild

Innstetten

Standesdenken
gesellschaftliche Notwendigkeit
(Förderung der Karriere)

Mutter

Standesdenken
gesellschaftlicher Ehrgeiz

Effi Briest ⬭ **Geert von Innstetten**

Effi

Verinnerlichung der Konvention
„Jeder ist der Richtige", wenn
von Adel, gesellschaftlicher
Stellung, gutem Aussehen
Wunsch nach Reichtum, Glanz,
Ehre

persönliche Gründe
Hoffnung auf
Liebe, Zärtlichkeit;
hilfsweise:
Wunsch nach Zerstreuung,
Abwechslung

▶ 3 (Bei Zeitmangel genügt auch das Sammeln von Stichworten.)
Diese Gestaltungsaufgabe dient zwei Zielen. Die Schülerinnen und Schüler machen bei der Sichtung des Materials erste Erfahrungen mit dem Perspektivismus Fontanes. Vor allem aber soll so ein breiteres Spektrum von Vorzeichen und Signalen kursorisch erfasst werden: die prinzipiell ambivalente Anlage der Figur (Naturkind – adlige Dame), überhaupt mangelndes Interesse an Hochzeitsvorbereitungen und Korrespondenz mit Innstetten, emotionale Distanz zu ihm: Angst vor seiner Charakterfestigkeit und seiner Fähigkeit, „in allem das richtige Maß" (S. 39$_{30}$) zu halten, aber auch ihre Angst vor (v. a. emotionaler) Kälte in Kessin, Antizipation von Heimweh. Insgesamt zeichnet sich so im Hinblick auf die Ehe ein beträchtliches Konfliktpotenzial ab.

18

„Also nichts Japanisches…" – Effis geheime Wünsche

Maruyama Ōkyo: Kranichpaar
(Tusche und Wasserfarbe auf Papier, 131,5 x 55 cm, 1786)

Charakteristisch für die Entwicklung der europäischen Kunst im ausgehenden 19. Jahrhundert sind u. a. fernöstliche Einflüsse, die als so genannter Japanismus auch in Deutschland in bestimmten Spielarten des Jugendstils wirksam wurden.

Ein paar bewegliche Wandschirme…, einige Vasen für Blumen und wenige kleine Gebrauchsgegenstände … genügen einem vornehmen Japaner zur Ausstattung des Raumes … er kennt nicht jene Fülle zweckloser Sachen, welche wir in unseren Wohnungen aufhäufen … die Aufhäufung widerspricht seiner Empfindung; er liebt Licht, Luft und freie Räume.

James M. Whistler nach: Schmutzler, a. a. O., S. 76

▶ **1** Im Gespräch mit der Mutter (SBB, S. 35₁₂–38₆) wünscht Effi sich einen japanischen Bettschirm mit Kranichen für ihr eheliches Schlafzimmer, im selben Gespräch zieht sie in Betracht, dass „[…] Liebe, wie Papa sagt, doch nur ein Papperlapapp ist […]".

a Welche Haltung zur Ehe drückt sich im Zitat Briests aus? Wie steht Effi dazu?

b Informieren Sie sich (z. B. im Internet) über die symbolische Bedeutung des Kranichs.
Was verrät der Wunsch nach einem japanischen Bettschirm über Effis innere Situation vor der Hochzeit?

▶ **2** Mit „Also nichts Japanisches…" beendet Effi enttäuscht diese Gesprächsphase mit ihrer Mutter (S. 36₁₁).
Lesen Sie den Satz laut und versuchen Sie so seine Bedeutung – über die aktuelle Symbolik hinaus – für Effi zu erfassen.
Berücksichtigen Sie auch das oben angeführte Zitat zum Japanismus.

8

„Also nichts Japanisches …" – Effis geheime Wünsche

▶ **1** Anhand der Interpretation von Effis romantischen Ausstattungswünschen soll diese Aufgabe u. a. das in der vorhergehenden Teilsequenz (▶ **3**) angesprochene Konfliktpotenzial exemplarisch verdeutlichen.

Zitat und Bild repräsentieren die beiden Pole, zwischen die Effis Erwartungen im Hinblick auf die bevorstehende Ehe gespannt sind. Die abgeklärte, gelegentlich auch resignative Einstellung Briests, Ergebnis seiner eigenen realistisch eingeschätzten Konventionsehe, entspricht der allgemeinen Auffassung der in solchen Verhältnissen Lebenden. Ehe und Liebe sind in den seltensten Fällen deckungsgleich, stattdessen sind sekundäre, kompensatorische Werte in den Vordergrund getreten, wie etwa Familie, Liebe zu den Kindern, „ein vornehmes Haus" führen oder sozialer Rang. Im Übrigen ist nicht ausgeschlossen, dass sich aus der ursprünglichen Vernunftheirat Liebe ergibt. Effi akzeptiert diese Form der Standesheirat bei ihren Eltern („Nun, es kam, wie's kommen mußte, wie's immer kommt", SBB, S. 15_{25-29}), die sich im Übrigen, unter Austausch von diesbezüglichen Sticheleien, damit arrangiert haben.

Diesem pragmatischen Eheverständnis steht Effis romantische Vorstellung gegenüber, die ganz der „Tochter der Luft" entspricht. Der Wunsch nach einem japanischen Bettschirm mit kostbaren Kranichen als Glückssymbolen (S. 35_{19-24}) entspricht der Absolutheit ihres Glücksanspruchs. Dass der Paravent unbedingt ein Bettschirm sein muss und zudem in Verbindung mit dem roten Schein einer Ampel das Schlafzimmer schmücken soll, lässt darüber spekulieren, ob Fontane hier bei Effi nicht Nachwirkungen der Bekanntschaft mit Böcklins *Gefilden der Seligen* (S. 27) suggeriert. Die erotische Konnotation dieser romantischen Anwandlungen ist jedenfalls evident; von der Mutter werden sie mit dem Hinweis auf die oft ganz andere Wirklichkeit der Ehe und die gesellschaftlichen Tabus in Bezug auf erotische Wünsche und Fantasien von Frauen wieder zurechtgerückt (S. 35_{26}–36_{17}). Im Gespräch mit der Mutter, wie schon früher den Freundinnen gegenüber, zeigt Effi sich daher pragmatisch mit der ihr angetragenen Konventionsehe einverstanden, unter der stillschweigenden Voraussetzung allerdings, dass ihre Hoffnung auf angemessene Kompensation im gesellschaftlichen und persönlichen Bereich sich erfüllt.

▶ **2** „Japanisches", stellvertretend für alles Exotische und Aparte (einschließlich des Erotischen), erscheint hier als umfassender Begriff, der mit Effis Affinität zu Licht und Luft sowie ihrem Freiheitsverlangen – Bedingungen, die in Hohen-Cremmen gewährleistet sind – korrespondiert. Der den gesellschaftlichen Normen geschuldete Verzicht auf Ampel und Bettschirm (als Pars pro Toto) deutet daher auf einen Wesensverlust, der ihr als Folge ihrer Unterordnung unter die restriktiven Normen der Gesellschaft in einer Ehe bevorsteht.

Indem Fontane hier quasi seismografisch Vorstellungen einer kunsthistorischen Zeitströmung um die Jahrhundertwende aufgreift, die letztlich für den Jugendstil konstitutiv wurden, deutet er auch schon ein Gegenbild zum Interieur des Landratshauses in Kessin an, das in seiner eklektizistischen stilistischen Überladenheit und Schwerfälligkeit dem gründerzeitlichen Historismus (vgl. den Zylinderbureau) zugehört, gegen den sich der Jugendstil ausdrücklich wendet. Damit spiegelt der Roman als Zeitroman zumindest in Teilaspekten auch Tendenzen einer gesellschaftlichen Aufbruchsbewegung, ohne dass Fontane allerdings Partei ergreift.

Von Hohen-Cremmen nach Kessin

Kessin, den 14. November

Liebe Hulda, liebe Bertha & Hertha!

(lined blank writing space)

Eure Effi

▶ **1** Lesen Sie SBB, S. 32_{26}–33_{29} und S. 36_{26}–37_8. Welche Vorstellungen von Kessin entwirft Effi hier?

▶ **2** Stellen Sie sich vor, Effi würde am ersten Abend in Kessin einen Brief an ihre Freundinnen in Hohen-Cremmen schreiben, in dem sie von ihrer ersten Begegnung mit ihrem neuen Lebensraum auf der Fahrt vom Bahnhof zu Innstettens Wohnung berichtet (S. 51_5–56_{24}). Wie würde sie ihre ersten Eindrücke darstellen?

▶ **3** „Ich bin [...] für Zärtlichkeit und Liebe. Und wenn es Zärtlichkeit und Liebe nicht sein können, [...] dann bin ich für Reichtum und ein vornehmes Haus [...]." (S. 37_{31-35})
Vergleichen Sie die Gegebenheiten des landrätlichen Hauses in Kessin mit Hohen-Cremmen. Inwieweit entsprechen sie Effis Erwartungen?
Ziehen Sie u. a. folgende Textpassagen heran: S. 56_{25}–58_{34}; S.114_{20}–115_{14} (Brief an die Mutter).

▶ **4**

> „Liebe kommt zuerst, aber gleich hinterher kommt Glanz und Ehre, und dann kommt Zerstreuung – ja, Zerstreuung, immer was Neues, immer was, daß ich lachen oder weinen muß. Was ich nicht aushalten kann, ist Langeweile."
>
> *SBB, S. 38_{8-12}*

Wie sind Effis anfängliche Erfahrungen mit der Kessiner Gesellschaft in dieser Hinsicht? Textgrundlage: S. 71_{21}–79_{22}.

Von Hohen-Cremmen nach Kessin

Diese Teilsequenz zielt auf Effis erste Entfremdungserfahrungen in der Ehe, ausgelöst durch die sukzessiv erlebte Bedeutungsverschiebung Kessins vom Reiz des Fremden zum Unheimlichen.

▶ **1** Effis Vorstellungen sind widersprüchlich. Einerseits assoziiert sie Kälte und Einsamkeit mit Hinterpommern. Andererseits empfindet sie Vorfreude auf die für sie fremde Natur (Nordlichter, Glanz der Sterne, SBB, S. 33_{21-26}) und malt sich unterhaltsame Tanzabende mit dem zu Besuch weilenden Vetter aus. Kessin wird für sie zu einem Raum der Sehnsucht und des Glücks.

▶ **2** (Die Aufgabe könnte als vorbereitende Hausaufgabe gestellt werden.)
Es ist zu erwarten, dass sich in den meisten Schülerbriefen Begeisterung darüber ausdrückt, dass sich Effis Fantasiebild der fremden Stadt bei ihrer ersten Begegnung zu bestätigen scheint. Alles Neue und Fremde (Menschen, Nationalitäten) findet sie interessant: „eine ganz neue Welt" (S. 53_{12}) und „apart" (S. 55_3). Ihre Begeisterung teilt sich ihrem Sprachgestus mit: Ihre Sprache wird drängender, salopp fordernder (S. 55_{10}) oder elliptisch verknappt (S. 54_{17}). Als Gipfel alles Exotischen erscheint ihr ein von Innstetten erwähnter Chinese, analog zu dem fernöstlichen Kranich-Motiv für sie ein Glückssymbol. Gegebe-nenfalls ist im Unterrichtsgespräch herauszuarbeiten, dass diese poetischen Momente antizipierten Glücks allerdings von Innstetten durch den Hinweis auf das Grab des Chinesen ebenso ins Schaurige umgebogen werden, wie die geheimnisvolle Aura des Fremden durch rationale Erklärungen ins Banal-Alltägliche aufgelöst wird (S. 54_{4-12}). Effis Reaktion (S. 56_{1-7}) zeigt, dass ihr Sehnsuchtsbild dabei ist, in das Angstbild von der Fremde umzuschlagen, das in Hohen-Cremmen ihr Vorurteil bestimmte.

▶ **3** Eine erste, direkte Einschätzung dieses Handlungsraumes ergibt sich aus Effis Heimweh nach Hohen-Cremmen (S. 114 f.): Die Verhältnisse gegenüber Hohen-Cremmen sind sehr beengt und nicht standesgemäß („genant"). Sie vermisst die „havelländische Luft", eines ihrer Elementarbedürfnisse, und beklagt den Mangel an ästhetischen Reizen in dieser „rauh[en] und kalten Umgebung. Entscheidender für die innere Abwendung Effis von Innstetten sind jedoch die von der Figur unausgesprochenen, vom Erzähler auf der Ebene der Leitmotive vermittelten Erfahrungen (S. 56 ff.): Raumelemente, die Effi in Hohen-Cremmen wesensmäßig zugehören, fehlen in Kessin. (Statt des geschützten Freiraums Garten gibt es hier nur eine Veranda zur Hauptstraße und damit Schutzlosigkeit gegenüber der Gesellschaft. Die Schaukel ist auf einen Schaukelstuhl reduziert.) Zunehmend bedrohlich wirkt das Haus durch die im Flur hängenden Objekte (Schiff mit Kanonenluken – Pervertierung des zu heiterem Spiel und Entdeckungen einladenden Kahnes in Hohen-Cremmen –, ausgestopfte exotische Wildtiere als Trophäen), die auf gewalttätige Kolonisierung ferner Länder und Naturbezwingung hinweisen. Die durch Innstetten repräsentierte Ordnung der zivilisierten Gesellschaft, in die er Effi einführen will, deutet sich als Zwangsveranstaltung an.

▶ **4** Auch in Bezug auf gesellschaftlichen Glanz und Zerstreuung wird Effi enttäuscht. Es ergeben sich grundsätzlich drei Möglichkeiten des gesellschaftlichen Verkehrs: die Honoratioren der Stadt einschließlich der Ressource, der Landadel und Gieshübler. Die beiden ersten Gruppen erweisen sich nach den obligatorischen Antrittsbesuchen als uninteressant wegen spießig-klischeehaften Politisierens (S. 76_{23}–77_{33}) bzw. bigotter Borniertheit v. a. der Damen gegenüber Effis Auftreten und „Unsicherheit bei großen Fragen", die allerdings die Klatschebene nicht übersteigen (z. B. S. 76). Es bleibt Gieshübler als „der einzig richtige Mensch hier" (S. 79), der sich als Folge einer Missbildung seine unverstellte Individualität bewahrt hat. In einer deformierten Gesellschaft erweist sich der Deformierte in seiner Unabhängigkeit als der eigentliche Mensch. Es ist deshalb nur folgerichtig, dass Briest, selber Individualist, in Gieshübler das „Genie" in Menschlichkeit erkennt (S. 319_{18}).
Gieshübler ist im Laufe des Romans zwar ein verständnisvoller Freund der jugendlichen Effi; Zerstreuung, vor allem Glanz und Ehre kann er jedoch nur sehr bedingt bieten. Auch kann die Figur kaum als eine Synthese der Gegensätze Gesellschaft und Menschlichkeit angesehen werden, dazu steht er mit seiner Missbildung und Unabhängigkeit zu sehr am Rand der Gesellschaft.

„Angstapparat aus Kalkül"

[...] denn erstlich ist dieser Spuk, so bilde ich mir wenigstens ein, an und für sich interessant, und zweitens [...] steht die Sache nicht zum Spaß da, sondern ist ein Drehpunkt für die ganze Geschichte.

Aus einem Brief Fontanes vom 19.11.1895: In: Briefe, a.a.O., S. 377

I Bei dem Manne richtet sich die Ausbildung [...] auf die Entwicklung des Verstandes, Schärfung des Denkvermögens, Erweiterung des realen Wissens und die Festigung der Willenskraft, kurz, auf die Ausbildung der Verstandesfunktionen. Hingegen erstreckt sich bei der Frau die Ausbildung der höheren Stände hauptsächlich auf die Vertiefung des *Gemüts*, auf formale und schöngeistige Bildung, durch die nur ihre Nervenreizbarkeit und Fantasie erhöht wird, wie durch Musik, Belletristik, Kunst, Poesie. [...] Sie leidet infolgedessen buchstäblich an Hypertrophie des Gemüts- und Geisteslebens und ist darum meist jedem Aberglauben und Wunderschwindel zugänglich, ein überdankbarer Boden für religiöse und sonstige Scharlatanerien [...].

August Bebel: Die Frau und der Sozialismus.
Berlin: Dietz 1922 (1. Aufl. 1883), S. 141f.

II Der Spuk mit dem Chinesen erweist sich in kulturtheoretischem Zusammenhang deutlich als jene Wiederkehr des Verdrängten, als die Sigmund Freud das Unheimliche beschrieben hat. Die zivilisatorische Disziplinierung beseitigt nach Freud die verbotenen Wünsche nicht einfach, sondern verdrängt sie ins Unbewusste. Das Unheimliche, sagt Freud, „ist nichts Neues oder Fremdes, sondern etwas dem Seelenleben von alters her Vertrautes, das ihm nur durch den Prozess der Verdrängung entfremdet worden ist". Bei Effi ist der Chinese die Wiederkehr ihres verdrängten Verlangens nach Glück, Liebe, Vergnügen und Unterhaltung.

Michael Andermatt, a.a.O., S. 194f.

▶ **1** Lesen Sie SBB, S. 62_{10}–63_6; S. 70_{21}–71_{21}; S. 86_{35}–93_{19}.

▶ **2** Wie verstehen Sie Fontanes Formulierung vom Spuk als „Drehpunkt für die Geschichte"?

▶ **3** Handelt es sich Ihrer Meinung nach bei Effis Spukerlebnis um ein tatsächliches Geschehen in der Romanwirklichkeit? Berücksichtigen Sie bei Ihrer Einschätzung neben dem Verhalten Johannas und Innstettens die Texte I und II.

▶ **4** Was bewirkt das Spukerlebnis bei Effi? Wie verhält sich Innstetten nach diesem Erlebnis ihr gegenüber? Stellen Sie Ihre Ergebnisse stichwortartig gegenüber.

▶ **5** Erläutern Sie den Begriff „Angstapparat" (S. 154_{21}). Inwieweit entspricht er der Erklärung von Gespensterfurcht durch die Trippelli (S. $108_{26ff.}$)?

„Angstapparat aus Kalkül"

▶ **2** Der Spuk an sich hat Katalysatorfunktion. Zentrale Bedeutung kommt ihm insofern zu, als durch ihn Verhaltensweisen der Protagonisten profiliert werden und deren freigesetzte Reaktionen den weiteren Handlungsverlauf entscheidend bestimmen.

▶ **3** Der Erzähler lässt die Sache in der Schwebe, bindet den Realitätsgehalt an die unterschiedlichen Figurenperspektiven, dabei widerspricht das Verhalten Johannas und Innstettens auffällig ihren Beteuerungen, von keinem Spuk zu wissen, Innstetten anerkennt Effi gegenüber sogar die Möglichkeit, „daß es sowas […] gibt", bestärkt sie also in ihrer Angst.
Sowohl Text I als auch – unter Berufung auf Freud – Text II lassen das Spukerlebnis als Halluzination Effis erscheinen: nach Bebel als Folge eines auf Grund mangelhafter Verstandesbildung hypertrophierenden weiblichen Gemütslebens (nahegelegt u.a. durch wiederholte Hinweise Effis auf ihre Neigung zum Fantastischen, Unheimlichen und ihre Angst, z. B. SBB, S. 85 f.), bei Andermatt als Folge der Verdrängung geheimer Wünsche und Triebe durch die Unterwerfung unter die im Zivilisationsprozess geforderte gesellschaftliche Normierung. Beleg dafür ist ihre anfänglich „erregte" Illusion einer Atmosphäre von Fest und Tanz (S. 62_{14-19}), die am nächsten Morgen „unter Innstettens Führung" (S. 69) zerstört wird und an deren Stelle nun das Bild des toten Chinesen tritt. Innstetten nutzt jedenfalls die Situation und lässt Effi den toten Chinesen als disziplinierende Warnung vor dem Aparten, das sie mit dem Chinesen verband, empfinden.

▶ **4/5**

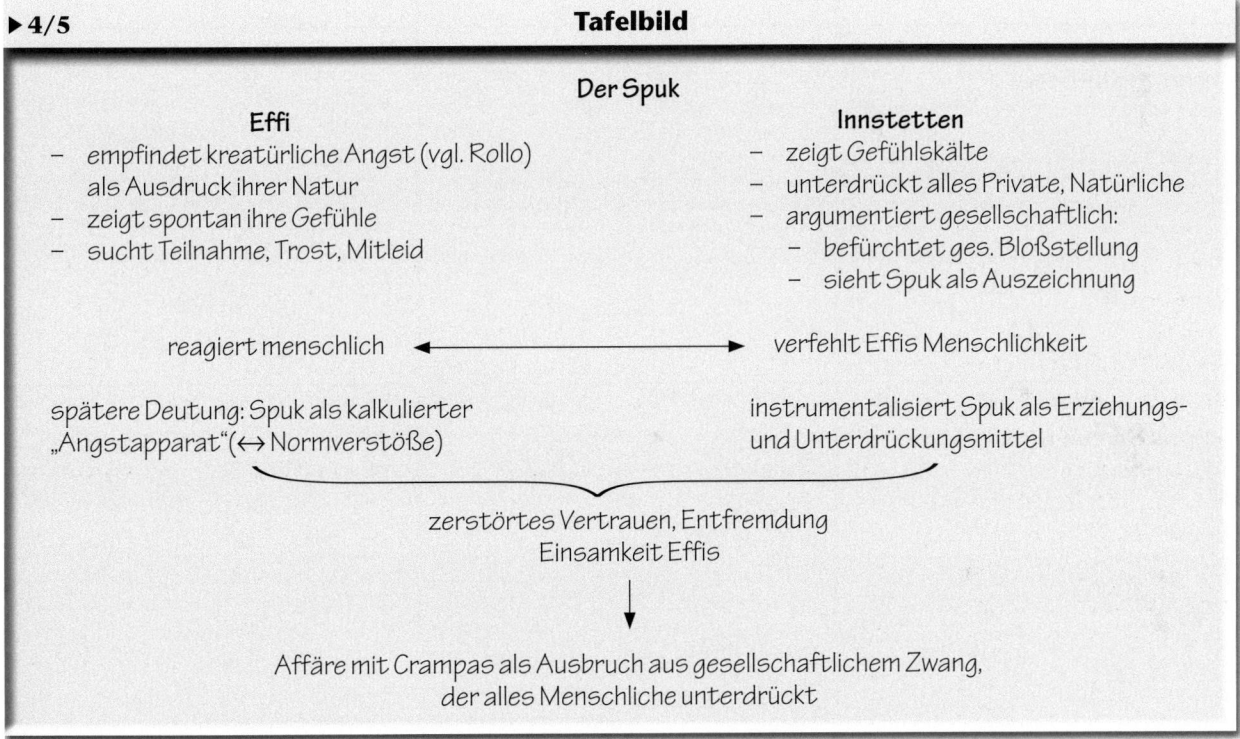

Tafelbild

Der Spuk

Effi	Innstetten
– empfindet kreatürliche Angst (vgl. Rollo) als Ausdruck ihrer Natur	– zeigt Gefühlskälte
– zeigt spontan ihre Gefühle	– unterdrückt alles Private, Natürliche
– sucht Teilnahme, Trost, Mitleid	– argumentiert gesellschaftlich:
	– befürchtet ges. Bloßstellung
	– sieht Spuk als Auszeichnung

reagiert menschlich ⟷ verfehlt Effis Menschlichkeit

spätere Deutung: Spuk als kalkulierter „Angstapparat" (↔ Normverstöße)

instrumentalisiert Spuk als Erziehungs- und Unterdrückungsmittel

zerstörtes Vertrauen, Entfremdung
Einsamkeit Effis

↓

Affäre mit Crampas als Ausbruch aus gesellschaftlichem Zwang, der alles Menschliche unterdrückt

▶ **5**

> […] die besondere Leistung Fontanes besteht darin, nicht bei der individualpsychologischen Schuldfrage stehenzubleiben, sondern klarzumachen, dass Innstettens Angstapparat in Gestalt des toten Chinesen nur der kleine Teil jenes großen aus Unterdrückung und Unterordnung bestehenden Angstapparates ist, der Gesellschaft heißt.
>
> *Ulrich Greiner: Fontanes Bitterkeit oder Angstapparat aus Kalkül. In: FAZ v. 26.9.1974*

Mit Bezug auf Freuds „psychischen Apparat" entspricht der von Innstetten eingesetzte „Angstapparat" einem gesellschaftlichen Über-Ich, das Effis Verhalten in Richtung Selbstkontrolle steuern und so beispielsweise zur vorbeugenden Disziplinierung ihrer Sinnlichkeit beitragen soll: „[…] man muß nur in Ordnung sein und sich nicht zu fürchten brauchen" (S. $169_{34 f.}$), und genau dies meint die Trippelli mit „[…] man ist links und rechts umlauert, hinten und vorn".

Der Schritt vom Wege – Was geschah wirklich?

> Dass ich die Sache im Unklaren gelassen hätte, kann ich nicht zugeben, die berühmten „Schilderungen" (der Gipfel der Geschmacklosigkeit) vermeide ich freilich, aber Effis Brief an Crampas und die mitgeteilten 3 Zettel von Crampas an Effi, die sagen doch alles.
>
> *Theodor Fontane in einem Brief an eine Leserin vom 12. Juni 1895. In: HFA I/4, S. 702*

▶ **1** Auf der Erzählerebene lässt Fontane allerdings tatsächlich im Unklaren, welcher Art das Verhältnis Effis mit Crampas war.
Stellen Sie sich vor: Nach der Zeitungsnotiz vom Duell stellt der Reporter eines Klatschblattes in Kessin eigene Recherchen an, indem er z. B. damalige Bekannte aus dem Landadel und Dienstboten der Innstettens (z. B. die alte Adermann, Gieshübler, Kruse) befragt. Schreiben Sie den so entstandenen Artikel.

▶ **2** Lesen Sie SBB, S.156$_5$–157$_6$ und S. 162$_{30}$–163$_{26}$.
a Halten Sie tabellarisch den Verlauf der beiden Gespräche im Überblick fest.
b Welche Rolle haben die beiden Dialoge für die Entwicklung der Affäre?

	I	II
Gesprächsinitiative		
Gesprächsverlauf		
Ergebnis		

▶ **3** Die entscheidenden Begegnungen zwischen Effi und Crampas sind jeweils in einen landschaftlichen Rahmen und in ein Naturgeschehen eingebettet. Welche Deutung der Handlung ergibt sich dadurch?
Textgrundlage: S. 147; S. 149 ff.; S. 155–163; S. 180$_{19}$–186$_{25}$.

Der Schritt vom Wege – Was geschah wirklich?

▶ **1** Diese (vorbereitende) Gestaltungsaufgabe – durch arbeitsteiliges Vorgehen können sich unterschiedliche Perspektiven ergeben – soll Anlass für eine wiederholte intensive Beschäftigung mit relevanten Textpassagen sein und die Affäre aus unterschiedlichen Figurenperspektiven beleuchten. Sieht man von spekulativen Gestaltungen (etwa bei der alten Adermann) ab, werden auch die Schülerinnen und Schüler wie Fontanes Leserin zu keinem gesicherten Ergebnis kommen.

▶ 2	Tafelbild	
	I	**II**
Gesprächsinitiative	Effis provozierende Frage nach Knut = Unterstellung einer unschicklichen Absicht	Crampas' Befehl an Kruse wird von Effi als symbolische Gleichsetzung seiner Rolle mit der des Königs gedeutet.
Gesprächsverlauf	Crampas geht auf Effis Tonlage ein, dreht die Spirale des Geplänkels bis hin zu direkten erotischen Anspielungen.	Effi weist die ihr dabei zufallende Rolle der Geliebten zurück, will Innstetten von dem Vorfall berichten, was Crampas mit Hinweis auf Innstettens rigiden Charakter verbietet. Effi schweigt.
Ergebnis	Effi gerät vor Verlegenheit ins Stottern, Crampas lenkt ins Humoristisch-Harmlose ab.	Am Kapitelende schlägt Effi verwirrt und verlegen die Augen nieder.

Mit diesem Flirt-Geplänkel hat sich Effi auf ein risikoreiches Spiel eingelassen. Nach dem ersten Gespräch könnte sie Weiterungen noch abwenden, nach dem zweiten hat ihr Verhältnis zu Crampas eine neue Qualität gewonnen. Mit dem Befolgen der von Crampas geforderten Verheimlichung seines gesellschaftliche Korrektheit überschreitenden Ansinnens macht sie sich zu dessen Komplizin und überschreitet die Schwelle zwischen geistreichem Spiel mit Worten und „versteckte[m] Komödienspiel" (SBB, S. 194) gegenüber Innstetten – der erste „Schritt vom Wege" ist getan.

▶ **3** Das symbolische Naturgeschehen erweist sich als der eigentliche Bedeutungsträger. Je mehr Effi und Crampas innerlich aufgewühlt sind, desto stärker erhält die aus Effis Sicht ursprünglich als „groß und herrlich" (S. 147) bezeichnete ruhige Strand- und Dünenlandschaft dynamischen Charakter: wildes Meer und Brandungslärm eskalieren bis hin zum als lebensbedrohlich empfundenen Naturereignis des Schloon als Begleiterscheinung der gemeinsamen nächtlichen Schlittenfahrt durch einen dunklen Wald, wo sie, getrennt von Licht und Luft, den ihr wesensmäßig zugeordneten Leitmotiven, Crampas und elementareren Kräften ihrer Natur schutzlos ausgeliefert ist.

Der Schloon ist ein Phänomen, bei dem unter bestimmten Voraussetzungen starker Wind Meerwasser unterirdisch in den Strandsand drückt, der zu einem „Sog" und „Abgrund" wird (S. 183), in dem man versinken kann. Außenwelt und Inneres korrespondieren, der Schloon ist nichts anderes als ein Natursymbol für Effis inneren Abgrund, der Gesang der Meerfrauen – verführerische Sirenen –, den sie zu hören vermeint (S. 181), eine Projektion ihrer inneren Situation ins Naturmagische. Der Sog der ungebändigten Elementargewalt ist stärker als die in Effis Sozialisation begründete Bindung an Sitte und Moral, wie der vergebliche Versuch der psychischen Stabilisierung mit Hilfe überkommener Werte belegt. Die Worte des Gebets in Erinnerung an die vor jeglicher Form von Gewalt Schutz gewährende Gottesmauer in Brentanos gleichnamigem Gedicht, erweisen sich als „tote Worte", Angst und Lust halten sich wie in einem „Zauberbann" die Waage. Wenn es ihr bei Crampas' „heißen Küssen" ist, „als wandle sie eine Ohnmacht an" (S. 186), kann dies möglicherweise als Anspielung auf eine verbreitete Gleichsetzung von Ohnmacht und „kleinem Tod" als sexuellem Höhepunkt und Andeutung einer sexuellen Komponente in Effis Erleben der Situation verstanden werden. Dann verfiele sie in diesem Augenblick „dem Sog eines Elementes, das sie in den Bann einer venusartigen unerlösten Sexualität verstrickt"[1].

---

1 Ohl: Melusine, a. a. O., S. 300

26

Wie schuldig ist Effi Briest?

William Holman Hunt: Erwachendes Gewissen
(Öl auf Leinwand, 76,2 x 55,9 cm, 1853/55)

> „Und ich habe die Schuld auf meiner Seele", [...]
> „Ja, da *hab'* ich sie. Aber *lastet* sie auch auf meiner Seele? Nein. Und das ist es, warum ich vor mir selbst erschrecke."
>
> *SBB, S. 251[1]*

▶ **1** Effis Haltung zu ihrer „Schuld" ist nicht eindeutig.
Stellen Sie spontan Thesen zur Schuldfrage auf und begründen Sie diese mit einem Argument.

▶ **2** War Liebe im Spiel? Klären Sie im Gespräch, wodurch Effi sich zu Crampas hingezogen fühlt.
Berücksichtigen Sie dabei auch Innstettens Charakter. Textgrundlage: S. 147[29]–149[27].

▶ **3** Welchen Schluss legen Effis und Crampas' Briefe nahe? (S. 217 f.; S. 267[5–25])

▶ **4** Lesen Sie Effis Selbstgespräch S. 250[30]–251[30]. Welche Haltung nimmt sie hier gegenüber einer möglichen Schuld ein? Welche Bedeutung hat die anschließende Naturbeobachtung am Kapitelschluss?

Wie schuldig ist Effi Briest?

Während die vorherige Teilsequenz die im Erzählerbericht und Dialog gegebenen Fakten der Anbahnung der Affäre mit Crampas und deren Deutung im Symbol thematisierte, steht in dieser die Beurteilung des Verhältnisses durch die Leserinnen und Leser und in Effis Selbstwahrnehmung im Vordergrund.

▶ **1** Die Thesen können auf Karten geschrieben, ausgewertet und an einer Tafel präsentiert werden.
Ohne (zunächst) direkten Textbezug wird das Spektrum der Thesen vermutlich von „in erheblichem Maße (mit)schuldig am Ehebruch" bis „unschuldig" reichen. Folgende Begründungen könnten etwa vorgebracht werden:
– Ungeachtet möglicher letzter Zweifel am tatsächlichen Vollzug hat Effi mit ihrem heimlichen Verhältnis mit Crampas die Ehe gebrochen.
– Sie verfängt sich in den Schlingen eines notorischen Verführers und „Damenmannes".
– Die vorgängige Deutung der Natursymbolik lässt Effi selber als Opfer ihrer dem Elementaren verbundenen und moralisch indifferenten Natur erscheinen.
– Schließlich trägt Innstetten selber Verantwortung, da er mit seiner Gefühlskälte und dem von Effi ihm unterstellten „Angstapparat" die Entfremdung der Ehepartner herbeigeführt hat.
– Effis extreme Jugend bei der von den Eltern und dem Bräutigam arrangierten Verlobung von der Schaukel weg und Heirat ohne Liebe.

▶ **2/3** Crampas ist in jeder Hinsicht Innstettens Gegenbild und, obwohl der Ältere von beiden, jugendlicher wirkend und im Lob des Leichtsinns und der Geringschätzung „aller Gesetzlichkeiten" (SBB, S. 148 f.) der spiel- und risikofreudigen Effi wesensmäßig näher. Innstetten zeigt sich hier als Prinzipienreiter, Crampas als Prinzipienverächter, dem die sich kindlich-naiv gebende Effi für seine beabsichtigte Verbotsübertretung Beifall klatscht. Ihr Flirt mit Crampas entspringt daher nicht primär sexuellen Motiven, sondern ist Folge ihres Hangs nach „Zerstreuung" vom geordneten Ehealltag einer Landratsgattin und der Faszination durch das „Aparte", also letztlich ein Spiel ohne große Leidenschaften oder gar Liebe, aus dessen zunehmendem Sog sie allerdings nicht mehr herausfindet: „… und dann hat er den armen Kerl totgeschossen, den ich nicht einmal liebte" (S. $316_{3\,f}$), sagt sie später. Ob Crampas Effi tatsächlich liebte, bleibt offen, erscheint aber nicht ausgeschlossen (vgl. seine sentimentale Wahl des symbolträchtigen Duellplatzes). Auch Effis Drängen auf eine gemeinsame Flucht und Crampas' Beschwörungen deuten zwar auf eine sexuelle Beziehung, legen sie aber nicht zwingend nahe.

▶ **4** Wie schon im Abschiedsbrief an Crampas und wie in ihrem letzten Gespräch mit der Mutter ist sich Effi ihrer Schuld bewusst. In ihrem inneren Monolog, Ausdruck von Gefühl und Reflexion über Gefühl, wird allerdings deutlich, dass dieser Anerkennung einer formalen Schuld kein angemessenes Schuldempfinden und keine rechte Reue entsprechen, die Schuld „lastet" nicht auf ihrer Seele. Dieses Bewusstsein, formal, nach Maßgabe der gesellschaftlichen Normen, schuldig geworden zu sein, korrespondiert mit ihrer Angst und Scham darüber, dass sie zum Lügen gezwungen war und noch ist und damit an ihrer eigenen Natur schuldig wurde. Die fehlende Scham über ihre Schuld führt sie auf das Fehlen des richtigen Gefühls zurück. Das Bewusstsein fehlender Sicherheit im Gefühl stürzt sie in eine Form metaphysischer Verzweiflung (S. 251_{28-30}). Die Ursache des Verlustes dürfte in der Überlagerung ihrer ursprünglichen Natur durch eine gesellschaftlich bedingte Natur zu suchen sein, eine Art Verlust paradiesischer Unschuld durch den Prozess der Vergesellschaftung.
Im Naturbild der im Nachtwind leise, als ob es regnete, rauschenden Platanen führt Fontane zwei Leitmotive der Eingangskomposition zusammen: die in den alten Platanen symbolisierte Beständigkeit der Natur und im Wasser des vermeintlichen Regens das Motiv des Abwaschens von Schuld (vgl. Schlusenversenken). Der Innensicht der im Selbstgespräch sich zur Schuld bekennenden Figur ist so die alle Schuld aufhebende Ruhe der Natur relativierend gegenübergestellt.

Preußen und seine Tugenden

28

Foto: akg-images; © Olaf Gulbranson/VG Bild-Kunst, Bonn 2005

Kaisermanöver. Seine Majestät, Wilhelm II., erklären dem Prinzen Ludwig von Bayern die feindlichen Stellungen (Farblithografie, 1909, nach einer Zeichnung von Olaf Gulbransson)

Der Staat [...] vermittelt als ein wahrhaft höheres moralisches Gemeinwesen die Einigkeit in Sitten, Bildung und allgemeiner Denk- und Handlungsweise. [...]
In dem Geiste eines Volkes hat jeder einzelne Bürger seine geistige Substanz. Die Erhaltung der Einzelnen ist [...] auf die Erhaltung dieses lebendigen Ganzen begründet.
Die Erhaltung des Ganzen geht daher der Erhaltung des Einzelnen vor, und alle sollen diese Gesinnung haben.

Georg Wilhelm Friedrich Hegel, Philosoph und Staatstheoretiker

▶ **1** Beschreiben Sie die Karikatur. Worauf zielt sie?

▶ **2** Formulieren Sie den Gedankengang Hegels so knapp wie möglich in Ihren eigenen Worten.

▶ **3** Markieren Sie in der Tabelle die Begriffe, die Sie für typisch preußische Werte halten. Stützen Sie Ihre Auswahl u. a. auf die Karikatur und auf den Text Hegels.

Ordnungssinn	Gehorsam	Treue	Selbstbestimmung
Fleiß	Zivilcourage	Disziplin	Pünktlichkeit
religiöse Toleranz	Selbstverwirklichung	Standhaftigkeit	Ehre
Sauberkeit	Pflichtbewusstsein	Korrektheit	Mut

▶ **4** Diskutieren Sie, ob eine Orientierung an so genannten preußischen Tugenden heute noch zeitgemäß erscheint.

▶ **5**

Ja, Effi! Alle Leute sympathisieren mit ihr, und einige gehen so weit, im Gegensatz dazu, den Mann als einen „alten Ekel" zu bezeichnen. Das amüsiert mich natürlich, gibt mir aber auch zu denken, weil es wieder beweist, wie wenig den Menschen an der so genannten „Moral" liegt [...]. Denn eigentlich ist er in jedem Anbetracht doch ein ganz ausgezeichnetes Menschenexemplar, dem es an dem, was man lieben muss, durchaus nicht fehlt. Aber sonderbar, alle korrekten Leute werden schon bloß um ihrer Korrektheiten willen mit Misstrauen, oft mit Ablehnung betrachtet.

Theodor Fontane in einem Brief vom 27. 10. 1895. In: ders.: Briefe, a. a. O., S. 374 f.

Wie beurteilen *Sie* Innstetten? Ziehen Sie dazu auch die beiden Textstellen SBB, S. 134$_{23}$–135$_3$ und S. 178$_{23-35}$ heran.

13

Preußen und seine Tugenden

▶ **1** Dargestellt sind Kaiser Wilhelm II. und Prinz Ludwig von Bayern als Manöverbeobachter – der Kaiser in schneidiger Haltung (kerzengerade, mit dem Stock oder Säbel im rechten Winkel zeigend), der Bayer wenig engagiert schauend, mit eingefallenen Schultern, leicht vorstehendem Bauch und sehr zivilen Hosenbeinen. Im Rahmen eines konkreten politischen Kontextes (Verhältnis Preußen und Bayern) zielt die Karikatur in satirischer Übertreibung auf bestimmte preußische Besonderheiten, die im Kaiserreich einen hohen Geltungsgrad hatten: Militarismus, Schneidigkeit und Disziplin in der Haltung, und gibt sie so der Lächerlichkeit preis.

▶ **2** Hegel formuliert hier die preußische Staatsidee, auf die sich verschiedene v. a. Preußen zugeschriebene Werthaltungen zurückführen lassen:
Der Staat ist ein einheitliches Ganzes von Sitten, Bildung und Gesinnung (als dem Geist eines Volkes), aus dem je-der Einzelne seine geistige Substanz ableitet, und hat als das allgemeine Ganze Vorrang vor dem Individuellen (Partikularinteressen).
(Dieser Gedanke kehrt pervertiert wieder in der Naziparole: Du bist nichts, dein Volk ist alles!)

▶ 3	Tafelbild			
Ordnungssinn	Gehorsam	Treue		
Fleiß		Disziplin	Pünktlichkeit	
religiöse Toleranz		Standhaftigkeit	Ehre	
Sauberkeit	Pflichtbewusstsein	Korrektheit		

Zunächst müssen Sekundärtugenden von den Kardinal- oder Primärtugenden (Klugheit, Gerechtigkeit, Tapferkeit, Mäßigung) unterschieden werden, die jenen übergeordnet sind. Die Sekundärtugenden sind in ihrer Einzelakzentuierung zudem von der jeweilgen Gesellschaft abhängig. Spricht man unscharf von spezifisch „preußischen" Tugenden, können sowohl bestimmte Primär- als auch Sekundärtugenden gemeint sein (z.B. Mut als Kardinaltugend oder Bescheidenheit als eine auf Mäßigung bezogene Sekundärtugend).

▶ **4** Nach einer kurzen offenen Gesprächsphase kann die Diskussion durch einen Impuls auf eine schärfer profilierte dialektische Problemstellung hingeführt werden. Im Sommer 1982 richtete der saarländische SPD-Vorsitzende Oskar Lafontaine im „Stern" folgenden Vorwurf an Bundeskanzler Helmut Schmidt (ebenfalls SPD): „Helmut Schmidt spricht weiter von Pflichtgefühl, Berechenbarkeit, Machbarkeit, Standhaftigkeit. Das sind Sekundärtugenden. Ganz präzis gesagt: Damit kann man auch ein KZ betreiben." (Zitiert nach: Heinrich August Winkler: Der lange Weg nach Westen. Bd. 2: Deutsche Geschichte vom „Dritten Reich" bis zur Wiedervereinigung, München 2000, S. 393)

Die Diskussion könnte anhand des KZ-Beispiels zu folgendem Ergebnis kommen: Sekundärtugenden lassen sich in der Tat für unmoralische Ziele missbrauchen, aber: „Ohne Tapferkeit und ohne die Sekundärtugend der Disziplin hätte die nationalsozialistische KZ-Herrschaft nicht beendet werden können [...]. Sekundärtugenden sind unter allen Lebensumständen nötig. Ihr in der Tat möglicher Missbrauch entbindet uns nicht von der Nötigkeit der Einübung in sie, nämlich unter der Leitung der Primärtugenden. [...]" (Hermann Lübbe, 1994: Wie sekundär sind die Sekundärtugenden? http://www.slv-nrw.de/Mitglieder/forum/Sekundaertugenden.pdf)

▶ **5** In beiden Episoden versucht ein adliger Gutsbesitzer Innstetten für die beim Landadel verbreitete reaktionäre antidemokratische und chauvinistische Gesinnung in Anspruch zu nehmen. Innstetten dankt jedoch nur „ganz kurz" (SBB, S. 135₃) bzw. macht den Sprecher durch eine sarkastische Bemerkung lächerlich, da er „von solchem Patriotismus nicht viel hielt". (S. 178₃₅) Von den schlimmsten Verzerrungen preußischer Tugenden ist Innstetten also frei. Wenn Fontane ihn im Brief unter Hinweis auf Moral und Korrektheit als ausgezeichnetes Menschenexemplar bezeichnet, sieht er in seiner Figur wohl einen Preußen, der zahlreiche Tugenden wie Pflichtbewusstsein Disziplin, Moral, Korrektheit, Anstand etc. verinnerlicht hat. Kritische Distanz der Leserinnen und Leser gegenüber den tragenden Schichten der preußischen Gesellschaft wird im Roman dagegen hergestellt durch die (Selbst-)Darstellung des Landadels als borniert, politisch und kirchlich ultrakonservativ, v. a. einer Doppelmoral huldigend (z.B. Sidonie von Grasenabb in der Oberförsterei) und rigide in der Verfolgung von Normverstößen, wie die beiden herangezogenen Stellen belegen, und wie sich insbesondere im Umgang mit Effis Ehebruch zeigt.
(Für eine detailliertere Analyse der Darstellung der preußischen Adelsgesellschaft vgl. hier S. 46 f.)

Eine Frage der Ehre – das tyrannisierende Gesellschafts-Etwas

I

II

Die Entfernung der beiden Standplätze beträgt bei dieser Duellart fünfunddreissig bis vierzig Schritte. In dieser die beiden Plätze verbindenden Linie werden von beiden Endpunkten zehn Schritte abgeschritten und diese Punkte durch Taschentücher oder Stöcke – als Barriere – bezeichnet. [...] Die [...] markirten Distanzen von zehn Schritten dienen den Gegnern als Spielraum zum Vorrücken. [...] Haben die Secundanten und Ärzte ihre Plätze eingenommen, so gibt der das Duell leitende Secundant das Zeichen für den Beginn des Kampfes: „Achtung, meine Herren, auf das Commando!", und nach einem kurzen Intervall commandirt er „Vorwärts!".

Gustav Hergsell: Duell-Codex. Wien. Pest. Leipzig: A. Hartleben's Verlag o.J., S. 165–167

▶ **1** Die beiden Abbildungen sollen ein Duell betrogener Ehegatten mit ihren RivalInnen darstellen.

a) Wie wirken die Illustrationen auf Sie? (Berücksichtigen Sie auch den Ausschnitt aus dem Duell-Codex.)

b) Welche der Verhaltensweisen können Sie eher nachvollziehen?

▶ **2** Lesen Sie das Gespräch Innstettens mit Wüllersdorf (SBB, S. 268_{11}–272_{32}) und tragen Sie die vorgebrachten Argumente pro und kontra Duell in die Tabelle ein.

Kontra Duell	Pro Duell	Kontra Duell
(pragmatisch-rationale Ebene)	(rational-normative Ebene)	(menschlich-emotionale Ebene)

▶ **3** Wie beurteilen Sie Innstettens Entscheidung?

▶ **4** Inwieweit zeigt er sich in Argumentation und Handeln als Preuße des 19. Jahrhunderts?
Ziehen Sie dazu auch frühere Ergebnisse heran.

▶ **5** Wie wird sein Handeln in der Öffentlichkeit und in seinem privaten Umfeld bewertet? (S. 280_{28}–284_{28})

Eine Frage der Ehre – das tyrannisierende Gesellschafts-Etwas

▶ **1 a** (I) Zwei „Herren" duellieren sich leidenschaftslos, absolvieren ein Ritual. Von der förmlichen Kleidung und Haltung der Duellanten über die Beschreibung des Kampfplatzes bis zu den Kommandos: Dominanz von Korrektheit, Ordnung und Regel. Das Ganze wirkt gestellt.
(II) Zwei „Furien" gehen spontan aufeinander los. Gefühle und Leidenschaft sprengen jede Regel.

b (I) Eigentlich lächerlich, da sinnentleert; es geht nur noch um den abstrakten Begriff der Ehre.
(II) Das Verhalten wirkt eher verständlich, da es hier noch um die Sache selbst geht, verletzte Gefühle sind zu erkennen. Insofern wirkt diese Reaktionsweise trotz des klischeehaften Slapstickgestus der Szene natürlich und nachvollziehbar.
Von hier aus ergibt sich als weiteres Erkenntnisinteresse die Frage nach Innstettens Motivationslage bei seiner Entscheidung für das Duell.

▶ **2** **Tafelbild**

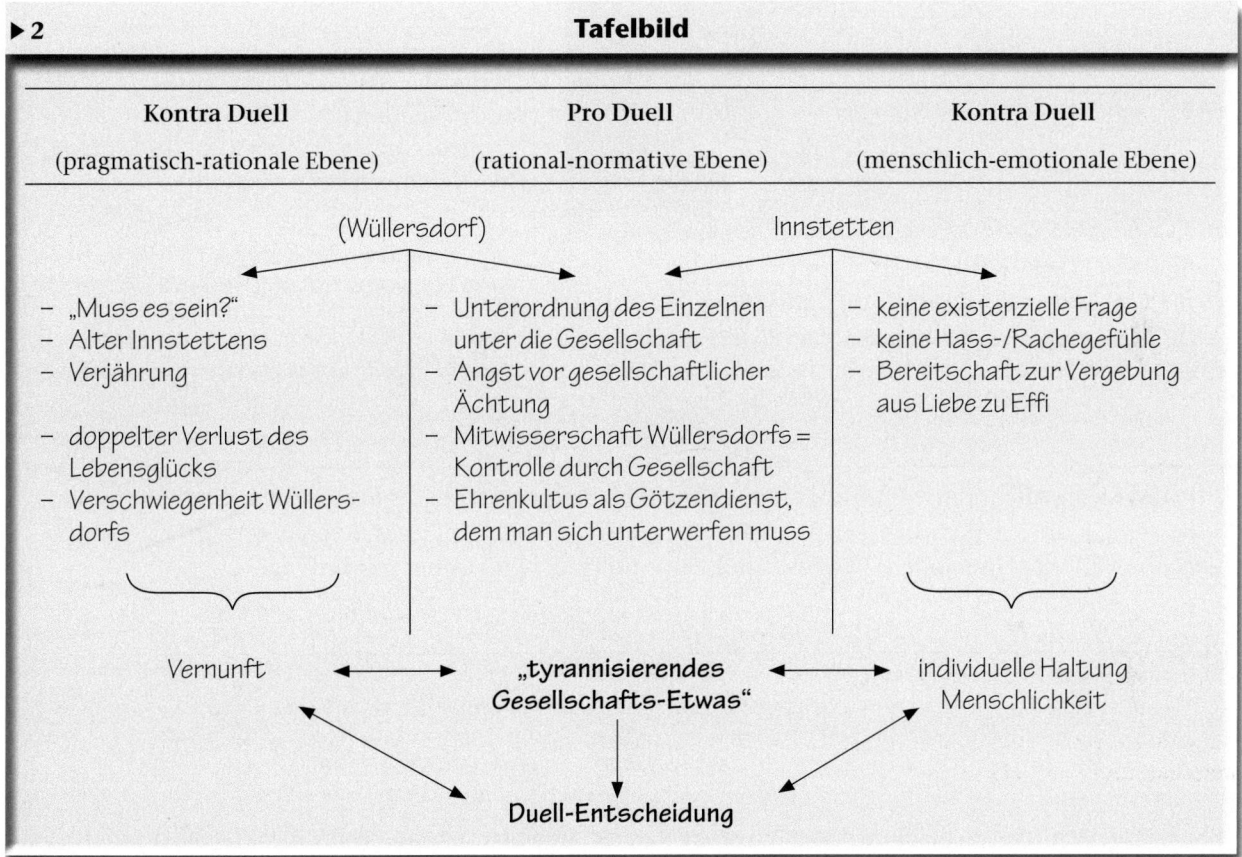

Kontra Duell	Pro Duell	Kontra Duell
(pragmatisch-rationale Ebene)	(rational-normative Ebene)	(menschlich-emotionale Ebene)
(Wüllersdorf)	Innstetten	
– „Muss es sein?" – Alter Innstettens – Verjährung – doppelter Verlust des Lebensglücks – Verschwiegenheit Wüllersdorfs	– Unterordnung des Einzelnen unter die Gesellschaft – Angst vor gesellschaftlicher Ächtung – Mitwisserschaft Wüllersdorfs = Kontrolle durch Gesellschaft – Ehrenkultus als Götzendienst, dem man sich unterwerfen muss	– keine existenzielle Frage – keine Hass-/Rachegefühle – Bereitschaft zur Vergebung aus Liebe zu Effi
Vernunft	„tyrannisierendes Gesellschafts-Etwas"	individuelle Haltung Menschlichkeit
	Duell-Entscheidung	

▶ **3/4** Im Konflikt zwischen Menschlichkeit und Gesellschaft muss Innstetten sich unter Missachtung seiner individuellen Gefühle und gegen allen gesunden Menschenverstand für die Normen der preußischen Adelsgesellschaft entscheiden, wenn er seine Ehre in der Gesellschaft wahren will. Insofern ist er selbst Opfer eines als „Götzendienst" erkannten sozialen Automatismus, den er allerdings hätte außer Kraft setzen können, wenn er beim Auffinden der Briefe nach fast sieben Jahren nicht überstürzt Wüllersdorf – und damit die Gesellschaft – ins Spiel gebracht, sondern erst das Gespräch mit seiner Frau

gesucht hätte. Stattdessen berücksichtigt er diese in seiner emotionslosen Entscheidung allenfalls als dinglichen Faktor in seinem Kalkül. Zudem hat er den preußischen Ehrenkodex zu sehr verinnerlicht, achtbare Prinzipientreue ist in lächerliche Prinzipienreiterei umgeschlagen; das leidenschaftslos pro forma ausgetragene Duell ist eine Farce.
Seine Argumentation und sein Handeln werden v. a. vom preußischen Ehrbegriff getragen und der Idee der absoluten Unterordnung der Interessen des Einzelnen unter das vermeintliche Wohl des Ganzen.

▶ **5** Dass seine Entscheidung für das Duell und die Verstoßung Effis mit den Normen von Gesellschaft und Staat übereinstimmt, zeigt sich an der vom Kaiser verhängten milden Konventionalstrafe von sechs Wochen Festungshaft und an Johannas Reaktion, die ihm die Hand küsst und weiß, „was sich paßt und schickt und was Ehre ist,

[...]" (SBB, S. 283$_{30f.}$). Ganz anders das von Wüllersdorf berichtete Mitleid Gieshüblers mit Effi und Roswithas menschliche Reaktion. Die Kritik an der Absolutsetzung der Gesellschaft gegenüber Individidum und Menschlichkeit legt der Autor allerdings zwei Außenseitern der etablierten Gesellschaft in den Mund.

Das Versagen der christlichen Gesellschaft gegenüber Effi Briest

Augustus Leopold Egg: Einst und Heute
(Detail, Öl auf Leinwand, 63,5 x 76,2 cm, 1857/58)
Das Bild zeigt den verzweifelten Zusammenbruch einer untreuen
Ehefrau nach der Entdeckung von Liebesbriefen durch ihren Mann.

Die [protestantische] Kirche wurde [...] stärker zur Anstalt (und zur Hüterin) der Moral. [...] Man kann geradezu von einem „Moralprotestantismus" sprechen, mit strengen Ehe-, Familien- und Sexualnormen, einem herben Rigorismus der Wahrhaftigkeit und der Pflicht, einer Scheu und Abneigung gegen allen Ausdruck von Emotionen. Der Kirchennationalismus [war] für den Imperialismus und die deutsche Sendung in der Welt schon seit den 80er-Jahren durchaus aufgeschlossen. [...] er war eher konventionell, hurrapatriotisch, stark von christlich-nationalen Phrasen bestimmt [...], ein vor allem emotionaler Akklamationsnationalismus, der mit der Zeit auch die einfache Machtpolitik religiös verklärte.

Nipperdey, Thomas:
Deutsche Geschichte 1866–1918. Bd. 1,
München: C. H. Beck 1994, S. 475 und S. 498 f.

[...] alles Blech, alles ödeste Phrase, keine Spur von Natur, von Herz. [...] Ich kenne keinen Menschen, zu dessen Glaubensbekenntnis, wenn es sich mit dem lutherischen deckt, ich das geringste Vertrauen hätte; nur offener Unglauben, Redensartlichkeit und Heuchelei treten mir entgegen.

Theodor Fontane in einem Brief an G. Friedlaender. Zitiert nach: Schuster, a. a. O., S. 129

▶ **1** Stellen Sie sich vor, die „dreiundvierzigjährige alte Jungfer" Sidonie von Grasenabb hat vom Duell Innstettens mit Crampas und der Ehescheidung Effis erfahren. In einem Brief an Frau von Padden äußert sie sich dazu. Schreiben Sie diesen Brief. (Stützen Sie die Einschätzung ihrer Grundhaltung auf folgende Episoden: SBB, S. 75$_{11}$–76$_{18}$; S. 134$_{14–22}$; S. 172$_{28}$–173$_{11}$; S. 175$_{21}$–176$_{26}$; S. 181$_{19}$–182$_{13}$.)

▶ **2** Welche Haltung nimmt Fontane gegenüber Sidonies Position ein?
Inwieweit entspricht diese Haltung dem Briefzitat oben?

▶ **3** Wie zeigt sich diese Diskrepanz zwischen christlichem Anspruch der preußischen Adelsgesellschaft und ihrem tatsächlichen Handeln nach Effis „Sündenfall"?
Untersuchen Sie
a) den Brief der Mutter (S. 291$_{29}$–293$_{16}$);
b) Effis neue Lebensverhältnisse (S. 297$_1$–304$_{32}$).
   Informieren Sie sich auch über die Bedeutung von Königgrätz und das Verhältnis Preußen–Österreich.
c) die Begegnung mit Annie (S. 313$_1$–316$_{14}$);
d) die Rolle, welche die Kirche für sie spielen kann (S. 305$_{1–35}$).

▶ **4** Welche Bedeutung kommt in dieser Situation Effis Roswitha, den Eltern und Niemeyer (S. 322$_{24}$–323$_{22}$) zu?

Das Versagen der christlichen Gesellschaft gegenüber Effi Briest

▶ **1** Die Einstellung der preußischen Gesellschaft gegenüber allem normabweichenden Verhalten wird am entschiedensten von der – teilweise satirisch überzeichneten – Sidonie zum Ausdruck gebracht und kann in der Gestaltungsaufgabe daher kaum verfehlt werden. Es ist zu erwarten, dass Sidonie in den Schülerbriefen Effis Situation hämisch kommentieren und auf die Zuchtlosigkeit als „Signatur unserer Zeit" (SBB, S. 173), wie sie sie schon am Beispiel Coras, des Ebenbilds der jugendlichen Effi, diagnostiziert hat, zurückführen wird.

Bei der Auswertung der Ergebnisse ist darauf zu achten, dass folgende für die konservative preußische Adelsgesellschaft grundlegende Positionen (vgl. das Nipperdey-Zitat) sinngemäß erfasst werden:

- Orthodoxer Protestantismus und Gesellschaftsordnung sind eng miteinander verflochten.
- Als Garanten dieser vermeintlich christlich legitimierten Gesellschaftsordnung fungieren die hohen Beamten, Militärs und orthodoxen Kirchenvertreter (Bündnis von Thron und Altar).
- Abweichungen vom orthodox-reaktionären Konsens werden als Atheismus oder Verstoß gegen die Pflicht gebrandmarkt.
- Bedürfnisse des natürlichen Menschen (z.B. „Das Fleisch ist schwach [...]") unterminieren als gefährlicher „Naturkultus" (S. 181$_{23}$) die fest gefügten Ordnungen und sind durch Zucht zu unterdrücken.

▶ **2** Fontane ironisiert Sidonies Einstellung, indem er seinen Erzähler ihren christlich-moralischen Anspruch (vgl. Erläuterung, S. 403) ihrem Verhalten unmittelbar gegenüberstellt und sie mit ihrem eigenen „schwachen Fleisch" lächerlich macht. Damit entlarvt er den orthodoxen Protestantismus preußischer Observanz als Heuchelei, was seiner Auffassung im Brief entspricht.

▶ **3** (Die Einzelaufträge können arbeitsteilig bearbeitet werden.)

Die „gefallene Frau" Effi wirkt in jeder Hinsicht als Opfer der preußischen Gesellschaft. Der Brief der Mutter mit der gesellschaftlich motivierten Lossagung der Eltern macht ihr deutlich, dass sie sich um „freie Luft und lichte Sonne" (S. 292) und damit um ihr Kindheitsparadies Hohen-Cremmen, mit dem Ausschluss von „freie[r] Luft und lichte[r] Sonne" eigentlich aber um für sie Existenzielles gebracht habe. Wichtiger als der in den Wohn- und Lebensumständen erkennbare soziale Abstieg ist die sich manifestierende Gewalt der Gesellschaft gegen sie: Der Straßenname in Erinnerung an das 1866 bei Königgrätz vernichtend geschlagene Österreich und die Tatsache, dass sie ihr Essen vom „Habsburger Hof" bezieht, reiht sie als Opfer Preußens in die Reihe der Verlierer ein. Die symbolische Gewalt kulminiert in realer Gewalt. In der jede natürliche Regung unterdrückenden Zurichtung Annies erkennt Effi die Gewalt der Gesellschaft, die auch ihre eigene ursprüngliche Natur beschädigt hat. Gleichzeitig begreift sie, dass die durch Innstetten repräsentierte Gesellschaft („eure Tugend") sich selber die Rolle des strafenden Gottes anmaßt und lehnt sich vor ihrem Zusammenbruch ein einziges Mal gegen die Gesellschaft auf.

Dass die evangelische Gesellschaft in ihrer unbarmherzigen Haltung gegenüber Effis Schuld sich im Einverständnis mit der staatstragenden Amtskirche weiß, zeigt sich an Innstettens Hausangestellter Johanna, die Effis Wohnung nicht betritt, sondern bei der gegenüberliegenden Christuskirche verharrt, deren Pfarrer vorzugsweise über das Alte Testament predigt, dessen Orientierung am Straf- und Rachegedanken für einen vor- oder außerchristlichen Umgang mit Schuld steht und so als Konsequenz des Sündenfalls letztlich den Tod fordert.

▶ **4** Die Schärfe der fontaneschen Kritik an dieser Gesellschaft zeigt sich darin, dass es neben den schließlich die gesellschaftlichen Normen relativierenden und verzeihenden Eltern Außenseiter der christlichen preußischen Gesellschaft sind, die Effi beistehen: die (nicht praktizierende) einfache katholische Dienstmagd Roswitha in ihrer natürlichen Menschlichkeit und Pastor Niemeyer, der den Erwartungen des konservativen Establishments an das Amt nicht mehr ganz entspricht, dafür aber in seiner väterlich seelsorgerischen Art Effi die Gewissheit von Gnade und himmlischer Erlösung gibt. Pseudochristlicher Selbstgerechtigkeit bei den Stützen der Gesellschaft werden so gelebte christliche Werte wie Nachsicht, Erbarmen und Liebe gegenübergestellt.

Innstettens kritische Lebensbilanz

> **I** Ich klage dich nicht an, Instetten, du bist, wie du bist. Aber klagen werde ich doch dürfen. Ihr habt mich alle geliebt, weil ich war, wie ich war, und wie ich jetzt nicht mehr bin. Und dich hat man geachtet, weil du bist, wie du bist. Und was ist denn nun besser, lange Jahre geachtet oder kurze Zeit geliebt zu werden?
>
> *Effi Briest an den tauben Hund Rollo.*
> *In: Brückner, Christine: Wenn du geredet hättest, Desdemona.*
> *Ungehaltene Reden ungehaltener Frauen.*
> *Frankfurt a. M., Berlin: Ullstein 1987, S. 78 f.*

> **II** Von mir selber […] pflege ich gern zu versichern, dass ich einen natürlichen Sinn für *Tatsächlichkeiten* hätte […] Es erwächst einem aus diesem Sinn ein Trost, jedenfalls eine Resignation. „Es ist nun mal so."
>
> *Fontane in einem Brief an Georg Friedlaender. In: ders.: Briefe, a. a. O., S. 311*

▶ **1** Antworten Sie Christine Brückners Effi (Text I):

_____

_____

_____

_____

_____

▶ **2** Antworten Sie für Innstetten auf die Frage seiner Frau:

_____

_____

_____

_____

_____

▶ **3** Lesen Sie SBB, S. 326_{16}–332_{22}.
– Wie bewertet Innstetten sein bisheriges Leben?
– Wie beurteilt er seine Wertvorstellungen?
– Wodurch wird seine augenblickliche Haltung entscheidend beeinflusst?

▶ **4** Welche alternativen Positionen zum Verhältnis von Menschlichkeit und Gesellschaft werden im Gespräch Innstettens mit Wüllersdorf deutlich?
Beziehen Sie in Ihre Überlegungen das Briefzitat Fontanes (II) ein.
Welche Haltung gegenüber dem Anspruch der Gesellschaft nimmt Innstetten am Ende des Gesprächs ein?

▶ **5** Beurteilen Sie abschließend die in dieser Episode aufgezeigten Einstellungen gegenüber der Gesellschaft.

Innstettens kritische Lebensbilanz

▶ **1/2** Die Auseinandersetzung mit dem Zitat (I) dient als Einstieg, um die Problematik Innstettens in den Horizont der Schülerinnen und Schüler zu bringen und sie so für Innstettens innere Situation zu sensibilisieren. Vorab erscheint es sinnvoll, das semantische Spektrum von „geliebt" abzuklären, das auf Grund des mit dem unspezifischen „Ihr" gegebenen Kontextes von „beliebt" bis zum tatsächlich existenziell bedeutsamen „geliebt" reicht. Selbst heutigen Jugendlichen wird die Wahl nicht leichtfallen. Vermutlich wird Konsens darüber bestehen, dass im Zweifelsfall Achtung Vorrang vor Beliebtheit hat (worin sich das Nachwirken eines positiven preußischen Wertekanons zeigt). Darüber hinaus müssen persönliche Entscheidungen, wenn überhaupt als solche kenntlich gemacht, respektiert, gegebenenfalls auf individuelle Prämissen zurückgeführt werden. In Bezug auf Innstetten sollte vor allem erkannt werden, dass er nach Duell und Scheidung in seinen Wertvorstellungen krisenhaft verunsichert ist und, als Hypothese formuliert, eine Neubewertung früherer gesellschaftlich bedingter Prioritäten erfolgt. Dies im Einzelnen zu untersuchen, ist Aufgabe der anschließenden Textarbeit.

▶ **3** Anlass seiner Selbstreflexion ist die ihm bei Gelegenheit seiner Beförderung zum Ministerialdirektor bewusstwerdende Diskrepanz zwischen beruflicher Situation und Befindlichkeit. Seine konsequent betriebene Karriere, für die er sozusagen seine Seele der allgegenwärtigen Hintergrundfigur Bismarck verschrieben hat, ist auf einem vorläufigen Höhepunkt. Gleichzeitig wird ihm bewusst, dass der menschliche Preis dafür die Entfremdung von Effi, die gescheiterte Ehe, die Tötung seines Freundes Crampas im Duell und der unwiderrufliche Verlust seines Lebensglücks war. Seine bisher auf Auszeichnung und gesellschaftliche Ehre gegründete Existenz erscheint ihm nun verfehlt (SBB, S. 327). Nachdrücklich stellt er damit Grundwerte der preußischen Gesellschaft in Frage und erkennt die Unterdrückung alles Menschlichen durch den Gesellschaftsgötzen. Vollends erschüttert wird sein Selbstgefühl durch die überlegene Menschlichkeit im Brief der einfachen Roswitha, der ihn und den anwesenden Wüllersdorf die Scheinhaftigkeit der geltenden Gesellschaftsordnung empfinden lässt: „[...] die ist uns über." (S. 329_{19}).

▶ **4** Die natürliche Humanität der ungebildeten Roswitha veranlasst Innstetten zur kulturpessimistischen Absage an alle ihm bisher wichtigen gesellschaftlichen Werte (S. 330). Seine spontane Reaktion, sich nach Afrika unter „pechschwarze Kerle" zurückziehen zu wollen, „die von Kultur und Ehre" nichts wissen, kommt einem Widerruf des gesamten Prozesses der Zivilisation und uneingeschränktem Vertrauen auf den Instinkt gleich. Wüllersdorf, in der Diagnose gleicher Meinung, fordert dagegen, hierzubleiben und „Resignation [zu] üben". Sowohl seine heroisch klingende Umschreibung „in der Bresche stehen und aushalten" als auch Fontanes Briefzitat (II) legen nahe, dass darunter durchaus eine Tugend zu verstehen ist. Nicht Kapitulation vor der Tyrannei der Gesellschaft, sondern standhaftes Ausharren, d.h. einerseits Unterwerfung unter die („vorläufig" „noch", S. 318) geltenden Normen und andererseits Bewahrung des Prinzips des Menschlichen, wo immer sich die Möglichkeit dazu bietet. Die Einsicht, dass dieses „Leben, wie es uns [in Kultur und Gesellschaft] auferlegt ist, zu schwer für uns" ist[1] und deshalb nicht ohne „Hülfskonstruktionen" (S. 331) geht, die es immer wieder erlauben, Momente eines kleinen Glücks zu erleben, übernimmt später Sigmund Freud von Fontane in seine Anthropologie. Das Aushalten in der Bresche wird auch erträglicher durch die von Luise implizit angedeutete, von Innstetten zuletzt ausgesprochene Einsicht in die Relativität und damit auch Veränderbarkeit aller Werte: „Alles [...] ist an Zeit und Umstände gebunden, und was uns heute noch beglückt, ist morgen wertlos." (S. $327_{21 ff.}$)
„Und das freut Sie? Das genügt Ihnen?" (S. 332_{13}) Innstettens Antwort auf Wüllersdorfs Vortrag über das „kleine Glück" der „Hülfskonstruktionen" (und seine letzten Worte im Roman) lässt allerdings offen, inwieweit er sich dessen Haltung zur Gesellschaft zu Eigen machen wird.

▶ **5** Im Unterrichtsgespräch ergibt sich, dass in Innstettens und Wüllersdorfs Überlegungen ein dialektischer Dreischritt vorliegt. Die beiden Antithesen: einerseits bedingungslose Unterwerfung unter die Forderungen der Gesellschaft bei Gefahr des Verlustes der Menschlichkeit, andererseits Regression in vorzivilisatorische Natur werden in der Synthese der Resignation aufgehoben. Die Vernunft spricht allemal für die Synthese. Wüllersdorf ist hier wohl auch das Sprachrohr des Autors, der die Zustände als ein „historisch Gewordenes" (vgl. hier S. 36) sieht, das es zu respektieren gilt.

---

1 Sigmund Freud: Das Unbehagen in der Kultur. Frankfurt a. M.: S. Fischer 1955, S. 103

Effi Briest und die Emanzipation der Frau

Henrik Ibsen *Nora oder Ein Puppenheim* (1879)

Die sich naiv und verführerisch gebende Kindfrau Nora ist mit dem Rechts-
anwalt Helmer verheiratet, der sie wie ein unmündiges Kind, seine „kleine
Singlerche" behandelt, sie ständig erziehen will und, mit seiner Karriere be-
schäftigt, als Unterhaltungs- und Repräsentationsobjekt ansieht, das er ver-
5 wöhnt und dem er keine ernsthafte Aufgabe zugesteht. Nora fälscht bei der
Unterzeichnung eines Schuldscheins, mit dem sie sich bei einem gewissen
Krogstad Geld leiht, die Unterschrift ihres Vaters. Mit dem Geld ermöglicht
sie ihrem kranken Mann, der von der Fälschung nichts weiß, eine lebensret-
tende Reise nach Italien. Jahre später will Helmer, der mittlerweile zum Chef
10 einer Bank avancierte, einen Untergebenen, Krogstad, wegen Unterschrifts-
fälschung und persönlicher Abneigung entlassen. Krogstad weiß von Noras
Fälschung und erpresst sie mit der Drohung, ihren Betrug aufzudecken: Nora
soll ihren Mann davon abbringen, ihn zu entlassen. Helmer erfährt von Krogstads Erpressung und der von seiner
Frau begangenen Fälschung. Er macht Nora schwerste Vorwürfe, sagt sich von ihr los und will ihr die Kinder
15 entziehen, möchte aber, um seine „Ehre" in der Gesellschaft zu wahren, alles vertuschen und die Ehe noch zum
Schein aufrechterhalten. Als Krogstad unerwartet seine Erpressung zurückzieht, sieht Helmer sich gerettet, ver-
zeiht Nora und will die alte patriarchalische Beziehung wieder aufnehmen. Nora, von Helmer enttäuscht, durch-
schaut ihr bisheriges Scheinglück als Lebenslüge und beschuldigt ihn und ihren Vater, sie in Abhängigkeit gehalten zu haben.
20 Sie verlässt Mann und Kinder, um in einem selbstständigen Leben herauszufinden, wer sie ist.

Da quatscht jetzt jeder von Ibsens *Wahrheit*, aber gerade *die* spreche ich ihm ab. Er ist ein großer Epoche ma-
chender Kerl, aber mit seiner „Wahrheit" kann er mir gestohlen werden. In der Mehrzahl seiner Dramen ist alles
unwahr. Die bewunderte Nora ist die größte Quatschliese, die je von einer Bühne herab zu einem Publikum ge-
sprochen hat.

Theodor Fontane: Briefe, a. a. O., S. 426

Unsere Zustände sind ein historisch Gewordenes, die wir als solche zu respektieren haben. Man modle sie, wo sie
der Modlung bedürfen, aber man stülpe sie nicht um.

Theodor Fontane: Sämtliche Werke Bd. XX/2. Hrsg. von Edgar Gross. München: Nymphenburger Verlagshandlung 1964, S. 694

▶ **1** Vergleichen Sie mit Hilfe der Inhaltsangabe von H. Ibsens Drama die beiden Frauengestalten Nora Helmer und
Effi Briest:

	Nora Helmer	Effi Briest
Frauentypus		
Rolle in Ehe und Gesellschaft		
Erkenntnis ihrer Situation		
Aktivität/Passivität		
Autorintention		

▶ **2** Welche der beiden Frauen erscheint Ihnen als die modernere?

▶ **3** Leiten Sie aus Ihren Befunden und den Fontane-Zitaten eine Einschätzung der jeweiligen Autorintention ab.

▶ **4** Inwieweit lässt die Gestalt der Trippelli Rückschlüsse auf Fontanes Haltung zur Frauenemanzipation zu?

Effi Briest und die Emanzipation der Frau

▶1	Tafelbild	
	Nora Helmer[1]	Effi Briest
Frauen-typus	Kindlichkeit, Naivität → erotische Reize	
Rolle in Ehe und Ge-sellschaft	Unterordnung, Unterhaltungsobjekt (Nora), repräsentatives Beiwerk Ausschluss von Arbeit des Mannes Beide Frauen lassen sich für Karriere des Mannes instrumentalisieren.	
Erkenntnis ihrer Situation	erkennt ihre Situation als strukturell unter-drückte Frau (Vorwurf an Mann und Vater), durchschaut ihr „Puppenheim" als Lebens-lüge	Abgesehen von einem einzigen emotionalen Ausfall bleibt sie ohne Einsicht in die gesell-schaftliche Bedingtheit ihrer Lage.
Aktivität/ Passivität	– handelt in Notsituation selbstständig, bereit, ihre Ehre dem humanen Zweck zu opfern (Überlegenheit über Mann) – begehrt gegen Unterdrückung auf, durchbricht Tradition durch selbstver-antwortliches Handeln → Emanzipation: vom Objekt zum Subjekt	– wird in Affäre hineingezogen – passiv auch nach Ausschluss aus Gesell-schaft – unterwirft sich noch im Tod der Moral Inns-tettens: Mädchenname auf Grabstein – bleibt Objekt
Autor-intention	Eintreten für die Emanzipation der Frau (direkter Eingriff in die Wirklichkeit)	zeigt die Unterwerfung des Individuums unter die Gesellschaft in letzter Konsequenz (Einwirken auf die mentale Basis)

▶2 Den Schülerinnen und Schülern wird Nora als die modernere der beiden Frauen erscheinen, da sie sich, wenn auch in aktueller Abwandlung (Ist es mit bloßem Weggehen getan?), in der hier verhandelten Problematik eher wiederfinden können als in den Leiden Effis. Umso erstaunlicher werden sie finden, dass Fontane in seiner gut fünfzehn Jahre später als *Nora* erschienen *Effi Briest* keinen emanzipatorischen Ansatz erkennen lässt, son-dern sich in der zitierten Aussage auch noch derart dezi-diert gegen Ibsens *Nora* ausspricht.

▶3 Aus Fontanes Einlassungen zu Ibsen ergibt sich, dass er von einem ganz anderen Dichtungsverständnis aus-geht. An Ibsen stört ihn der revolutionäre Impetus des Tendenzdichters, der Missstände aufdecken will, um die gesellschaftlichen Zustände zu verändern. Nora sieht er als wenig plausibles, da die grundsätzliche Lage der bür-gerlichen Frau verschleierndes Sprachrohr eines Doktri-närs der Frauenbewegung, für deren Ziele Ibsen sich auch in seinem Lebensumfeld aktiv einsetzte. Fontane dage-gen ist alles Doktrinäre und gewaltsam Revolutionäre zu-wider. Wenn er von historisch gewordenen Zuständen spricht, versteht er darunter neben der politisch-sozialen Gesamtsituation insbesondere auch die Situation der Frau in der Gesellschaft (vgl. die Einstellung zur Konven-tionsehe, hier S. 16). Er vertraut auf evolutionäre Weiter-entwicklung des Bestehenden unter einer humanen Per-spektive. Seine kritische Intention ist subtiler und zu-gleich grundsätzlicher. Sie entzündet sich an dem alle Bereiche dominierenden Abstraktum Gesellschaft als Wi-dersacher des Menschlichen. In Effis Tod kulminiert die fontanesche Kritik an der preußischen (Adels-)Gesell-schaft: Effi muss als Frau an ihr zu Grunde gehen. Dabei ist Effis Schicksal nur ein Beispiel für die grundsätzliche Unterdrückung des Individuums durch die Gesellschaft.

▶4 Das Unkonventionelle in Lebensweise und Auftreten bis hin zum reformorientierten Verzicht auf Korsage (SBB, S. 209$_{11-16}$) weisen die Trippelli als zeittypische Vertrete-rin der Emanzipation aus. In der perspektivischen Dar-stellung zeigt sich der Autor jedoch durchaus distanziert: Der Erzähler attestiert ihr „ein bescheidenes Maß" an „ge-sellschaftlicher Feinheit" (S. 104$_{23f.}$), Innstetten warnt vor einem solchen Leben (S. 100$_{22ff.}$), in den von ihm re-ferierten Anekdoten erscheint sie als Schnorrerin (S. 139$_{20-28}$), und selbst Effi findet ihre Beziehung zu Kot-schukoff „ein eigentümliches Verhältnis", kann sich be-zeichnenderweise allerdings „hineinfinden" (S. 217$_{7-11}$).

---

1 Nora *oder* Ein Puppenheim. Schülerband (121100) und Lehrerhandreichung (121119). Berlin: Cornelsen 1995

38

Tod und Verklärung

Friedrich Hebbel
***Herbstbild* (1857)**

Dies ist ein Herbsttag, wie ich keinen sah!
Die Luft ist still, als atmete man kaum,
Und dennoch fallen raschelnd, fern und nah,
Die schönsten Früchte ab von jedem Baum.

O stört sie nicht, die Feier der Natur!
Dies ist die Lese, die sie selber hält,
Denn heute löst sich von den Zweigen nur,
Was vor dem milden Strahl der Sonne fällt.

Echtermeyer. Deutsche Gedichte, S. 445

▶ **1** Wie wirkt das Gedicht auf Sie?
Vergleichen Sie mit diesem Eindruck die Wirkung, die durch die Darstellung von Effis Sterben entsteht.

▶ **2** Wodurch kommt dieser Effekt im Einzelnen zu Stande? Analysieren Sie SBB, S. 337_1–338_{17}.
Beachten Sie bei Ihrer Analyse auch die Bedeutung der folgenden Leitmotive:
– „Effi komm!" (S. 22 ; S. 25 und S. 318),
– Das Schaukelmotiv (S. $19_{13f.}$; S. $40_{15–18}$; S. $136_{19–23}$; S. $323_{1–12}$),
– Das Heliotrop-Motiv (z. B. S. $34_{26–29}$; S. $338_{18–22}$).

▶ **3** Vergleichen Sie diese Gestaltung von Effis Sterben mit der bisherigen Handlungsführung. Welche Ursache für Effis Tod wird hier nahegelegt? (Stützen Sie sich v. a. auf die Haltung der Gesellschaft, vgl. hier S. 32 f.)

▶ **4** Auf welche Haltung des Autors im Konflikt zwischen Menschlichkeit und Gesellschaft lässt die literarische Gestaltung von Effis Tod schließen?

KOPIERVORLAGE **18**

ullstein-Aufschlager/Caro Foto

Tod und Verklärung

▶ **1** Der zweite Teil des Arbeitsauftrags setzt voraus, dass die Schülerinnen und Schüler in häuslicher Lektüre noch einmal die Schlusspassagen gelesen haben (SBB, S. 319_3–320_{35}; S. 322_{19}–325_{33}; S. 332_{24}–338_{17}).

Das Naturgeschehen im Herbst erscheint als feierliche Vollendung eines Reifeprozesses, der sich das Jahr über vollzogen hat. Die Natursymbolik stellt eine Analogie zum menschlichen Lebensende und Tod her, und über die Deutung der „Lese, die sie selber hält" erscheinen Sterben und Tod als eine Heimkehr der Natur zu sich selbst und werden somit als etwas in seinem natürlichen Verlauf überaus Tröstliches bewusst. Genau dieser Eindruck entsteht auch durch die Darstellung von Effis Sterben: Ihr Tod hat etwas Versöhnliches, wird verklärt; dadurch wird jede direkte Anklage der Gesellschaft ausgeschlossen.

▶ **2** Während der häusliche Lektüreauftrag vordringlich der Sicherung des inhaltlichen Zusammenhangs dient, zielt die (arbeitsteilige) Motivuntersuchung in Verbindung mit genauer Textanalyse der Passagen S. 337_1–338_{17} auf die Vertiefung des Gesamteindrucks und Profilierung der Verklärung durch Einbezug der symbolischen Ebene.

▶ **3** Effi fügt sich in die Ächtung der als heuchlerisch und in ihrer unerbittlichen Befolgung von Normen unmenschlich dargestellten konservativen christlich-orthodoxen Gesellschaft und geht daran zu Grunde. Die Leserinnen und Leser müssen diesen Verlauf als Anklage gegen die preußische (Adels-) Gesellschaft verstehen.

▶ **2–4**	**Tafelbild**

Die Gestaltung des Todes in „Effi Briest"

Der Handlungsverlauf	Die Gestaltung des Todes
– Unterdrückung von Effis Menschlichkeit durch die (preußische) Gesellschaft – Unterordnung unter den Anspruch der Gesellschaft – Tod durch gesellschaftliche Zwänge	– Effi stirbt mit Innstetten und Gesellschaft versöhnt. – Aussparen des Sterbens selbst – Effi stirbt an Krankheit (= natürlicher Ablauf). – Tod als Heimkehr in die Natur (Vollendung, Effi als Teil des Rondells); ins Paradies der Kindheit („Effi, komm", Kittelkleid) Schaukel und Heliotrop $\hat{=}$ Erfüllung der Jenseitssehnsucht; endgültiger Stillstand der Zeit (Ersatz der Sonnenuhr durch Grabstein)
Effis Tod = Anklage gegen preußische (Adels-)Gesellschaft	Verklärung von Effis Sterben

Unentschiedenheit der Aussage im Konflikt zwischen Menschlichkeit und Gesellschaft

Die Frage der Schuld – ein weites Feld

„Das mit der Kreatur, damit hat's doch seine eigene Bewandtnis, und was da das Richtige ist, darüber sind die Akten noch nicht geschlossen. Glaube mir, Effi, das ist auch ein weites Feld. Wenn ich mir so denke, da verunglückt einer auf dem Wasser oder gar auf dem schülbrigen Eis, und solch ein Hund, sagen wir, so einer wie dein Rollo, ist dabei, ja, der ruht nicht eher, als bis er den Verunglückten wieder an Land hat. […] Und nun nimm dagegen die Menschheit! Gott, vergib mir die Sünde, aber mitunter ist mir's doch, als ob die Kreatur besser wäre als der Mensch."

SBB, S. 138₁₃₋₂₇

„Es ist so schwer, was man tun und lassen soll. Das ist auch ein weites Feld."

SBB, S. 139₁₃f.

Unsere eigentlichen Erlebnisse sind ganz und gar nicht geschwätzig. Sie könnten sich selbst nicht mitteilen, wenn sie wollten. Das macht, es fehlt ihnen das Wort. Wofür wir Worte haben, darüber sind wir auch schon hinaus. […] Die Sprache, scheint es, ist nur für Durchschnittliches, Mittleres, Mitteilsames erfunden.

Friedrich Nietzsche: Götzendämmerung (1889). In: ders.: Werke in drei Bänden.
Hrsg. von K. Schlechta. Darmstadt: Wissenschaftliche Buchgesellschaft 1997, S. 1005

▶ **1** Lesen Sie (szenisch-dialogisch) S. 338₁₈–Schluss.
Wie wirkt die Szene auf Sie? Um welches Thema kreist das Gespräch?

▶ **2** Tragen Sie in die offene Grafik stichwortartig folgende Positionen ein:
– Wie erscheint Rollos Verhalten im Kontext der Schuldfrage?
  (Berücksichtigen Sie auch Briests frühere Einschätzung des Tieres.)
– Welchen Personen bzw. Gruppen wird im Gespräch direkt oder indirekt schuldhaftes Verhalten gegenüber Effi angelastet?
– Bestimmen Sie die Perspektive, unter der jeweils geurteilt wird.

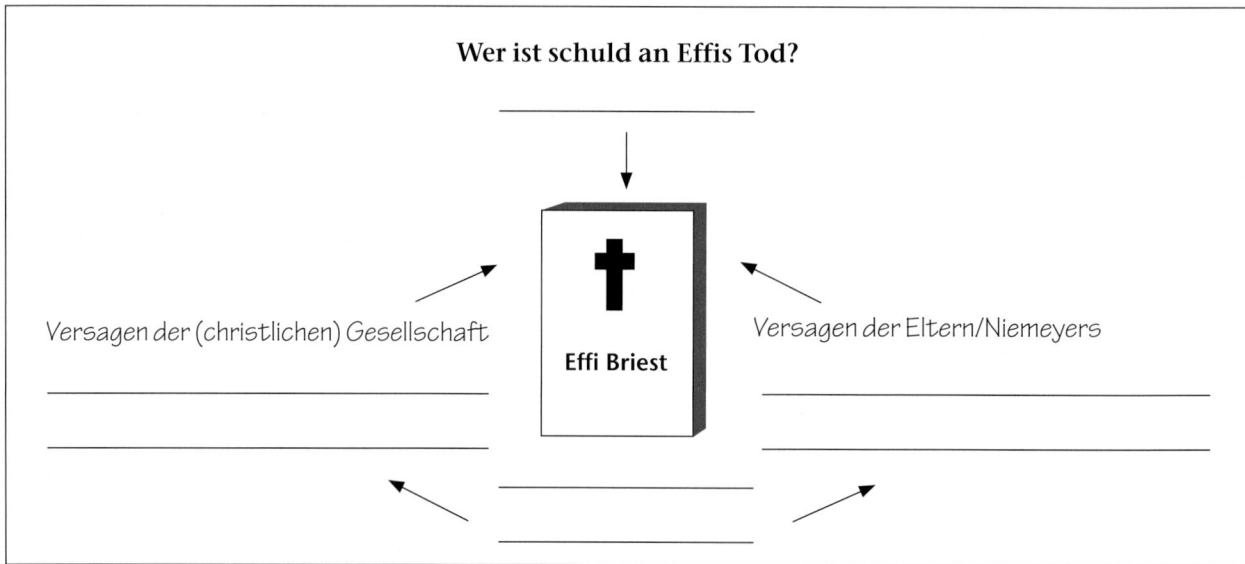

▶ **3** Wie verstehen Sie Briests Formel vom „zu weiten Feld" im Zusammenhang der Schuldfrage?

▶ **4** Interpretieren Sie Briests Formel auf dem Hintergrund der Zitate von S. 138 f.
Könnte Nietzsches Auffassung zu Möglichkeiten und Grenzen der Sprache eine Erklärung für Briests Verweigerung einer eindeutigen Stellungnahme bieten?

Die Frage der Schuld – ein weites Feld

▶ **1** Szenisches Lesen empfiehlt sich, weil so auch die in der Schlussszene angelegten komisch-ironischen Elemente bewusstwerden: die auch jetzt unvermeidlichen Sticheleien der beiden Ehepartner und die ironische Gegenüberstellung des aus Trauer das Fressen verweigernden, sich quasi ins Gespräch einschaltenden Hundes mit den beiden Briests, die, über die Schuld am Tod ihrer Tochter räsonierend, ihr Frühstück einnehmen und eine Fahrt über Land planen. Einerseits trägt diese Szene in ihren melancholischen Zügen noch zur Verklärung von Effis Tod bei, andererseits relativiert ihre ironische Brechung die möglicherweise aufkommende Sentimentalität.

▶ **2** Im Unterschied zu früheren Gelegenheiten, wo Effis Schuld gegenüber Innstetten thematisiert wurde, geht es diesmal um Schuld an ihrem Tod. Ausgehend vom trauernden Rollo, stellt Briest verallgemeinernd die qua Instinkt zu Mitleid und Empathie fähige Kreatur in ihrer wahren „Menschlichkeit" über die durch die Zivilisation ihrer Natur und Menschlichkeit entfremdete menschliche Gesellschaft und wirft dieser implizit Versagen gegenüber Effis Lage vor. Luise dagegen fragt explizit, ob nicht vielleicht sie als Eltern und Niemeyer (die Kirche) durch mangelnde „Zucht", Eindeutigkeit und klare Regeln Versäumnisse in der Erziehung verschuldet hätten oder Effi einfach zu jung (für ihren, Luises, gesellschaftlichen Ehrgeiz) gewesen sei. Indem sie z. T. Sidonies Wortwahl verwendet, wird deutlich, dass sie nach wie vor dem gesellschaftlich normierten Denken verhaftet ist.

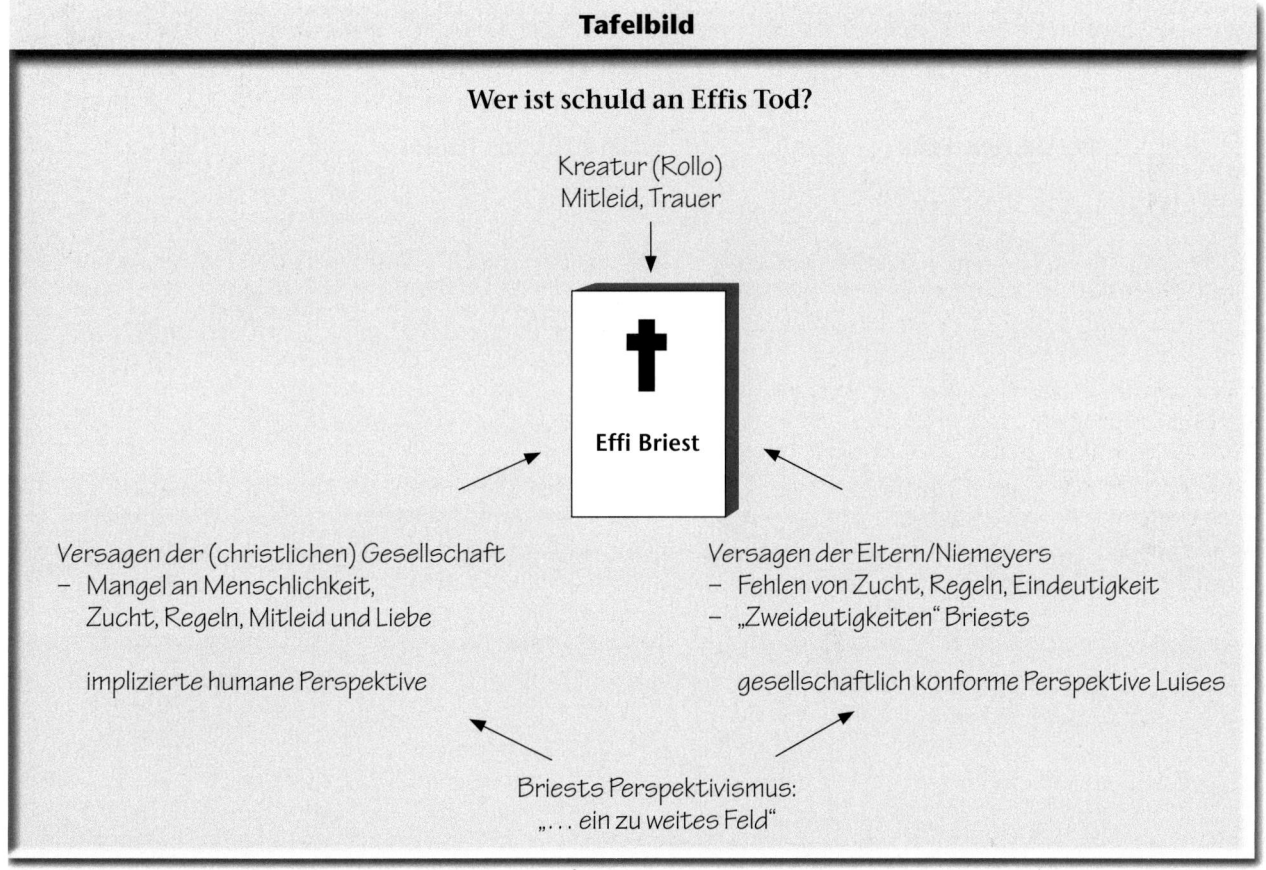

Tafelbild

Wer ist schuld an Effis Tod?

Kreatur (Rollo)
Mitleid, Trauer

Effi Briest

Versagen der (christlichen) Gesellschaft
– Mangel an Menschlichkeit,
   Zucht, Regeln, Mitleid und Liebe

implizierte humane Perspektive

Versagen der Eltern/Niemeyers
– Fehlen von Zucht, Regeln, Eindeutigkeit
– „Zweideutigkeiten" Briests

gesellschaftlich konforme Perspektive Luises

Briests Perspektivismus:
„... ein zu weites Feld"

▶ **3/4** Die Formel könnte zunächst als Ausdruck eigener Ratlosigkeit oder als Ausweichen ins Unverbindliche, um eine kränkende Antwort auf Luise zu vermeiden, verstanden werden. Schon bei früheren Gelegenheiten zeigt sich jedoch, dass Briest immer dann zu dieser Formel greift, wenn es um „letzte Dinge" oder um moralische Fragen geht, denen keine verbindliche Eindeutigkeit des Urteils mehr entspricht. Briest zeigt sich als Skeptiker gegenüber unanfechtbaren Wahrheiten. Wertungen und Urteile unterliegen für ihn einer relativierenden Perspektivität. Sein Skeptizismus und Verzicht auf eindeutige Stellungnahme im Konflikt zwischen Menschlichkeit und Anspruch der Gesellschaft entsprechen der Haltung Fontanes, der in Gesinnungsfragen jeden Dogmatismus ablehnt und so statt einer expliziten moralischen Wertung oder politischen Anklage den Roman perspektivisch offen enden lässt.

Mit seinem Verzicht auf Eindeutigkeit suggerierende sprachliche Fixierung rückt Fontane Briest unbewusst in die Nähe der Sprachskepsis Nietzsches (vgl. Zitat). Sowohl in seiner Liberalität als auch in seiner Nähe zum philosophischen Diskurs der Epoche erweist er sich als eine Figur, die das 19. Jahrhundert innerlich überwunden hat.
(Schließlich ist er auch unter allen Zigarrenrauchern im Roman der Einzige, der Zigaretten raucht.)

Fontanes Perspektivismus oder: Wer erzählt den Roman?

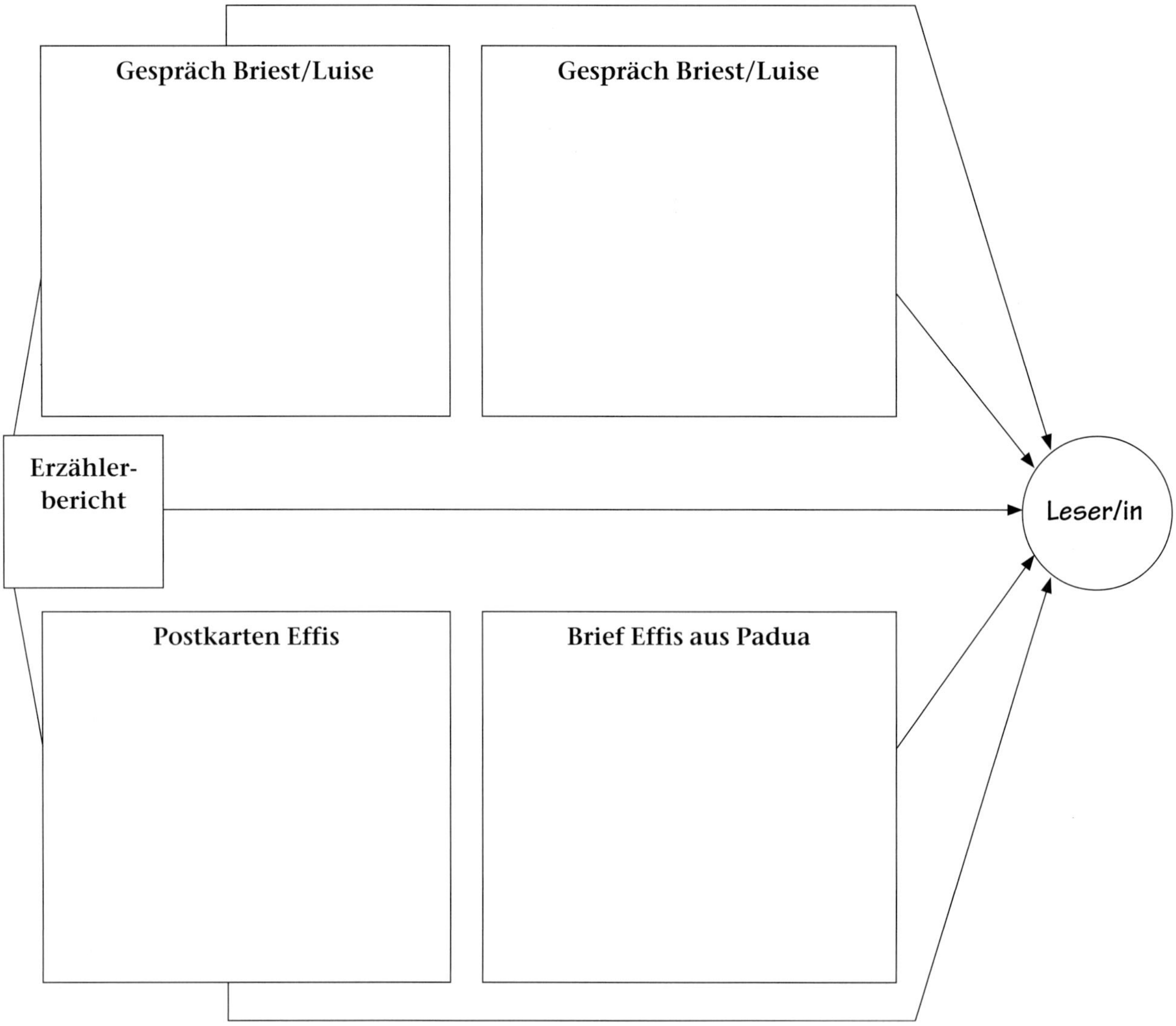

```
┌─────────────────────────┐     ┌─────────────────────────┐
│   Gespräch Briest/Luise │     │   Gespräch Briest/Luise │
│                         │     │                         │
│                         │     │                         │
│                         │     │                         │
└─────────────────────────┘     └─────────────────────────┘

┌──────────┐                                          ╭──────────╮
│ Erzähler-│                                          │ Leser/in │
│ bericht  │                                          ╰──────────╯
└──────────┘

┌─────────────────────────┐     ┌─────────────────────────┐
│    Postkarten Effis     │     │   Brief Effis aus Padua  │
│                         │     │                         │
│                         │     │                         │
│                         │     │                         │
└─────────────────────────┘     └─────────────────────────┘
```

▶ **1** Lesen Sie im fünften Kapitel S. 43_9–49_{30}. Welche Funktion hat dieser Ausschnitt im Erzählzusammenhang? Wovon wird hier schwerpunktmäßig erzählt?

▶ **2**
a Im Schaubild sind die im Text vorherrschenden Darstellungsformen (z. B. Erzählerbericht, Figurenrede …) „Erzählabschnitten" zugeordnet. Nummerieren Sie diese dem Erzählfortschritt folgend.
b Tragen Sie die in diesen Abschnitten thematisierten Geschehensmomente bzw. gegebenen Informationen in das Schema ein und ordnen Sie den einzelnen Abschnitten jeweils die Perspektive zu, aus der diese Informationen gegeben werden.

▶ **3** Sehen sie einen Zusammenhang zwischen Fontanes Neigung zum offenen Schluss und der Erzählstruktur?

Fontanes Perspektivismus oder: Wer erzählt den Roman?

▶ **1** Erzählgegenstand sind im Anschluss an die Hochzeit Überlegungen der Eltern bezüglich der Zukunft ihrer Tochter in der Ehe und Berichte von der Hochzeitsreise und die Reaktion der Eltern auf diese Berichte. Vordringliche Funktion des Kapitels ist die weitere Exponierung der Charaktere Effis und Innstettens und die Problematisierung ihres Verhältnisses zueinander.

▶ **2** Erzählerisch umgesetzt wird dies, indem der Autor in neutraler Erzählsituation, bei weitestgehender Ausschaltung des Erzählsubjekts, Briest, seine Frau Luise und Effi in Figurenrede sprechend, schreibend und Geschehen sowie Mitgeteiltes reflektierend zwischen Leserinnen und Lesern und epischen Vorgang stellt. Geschehensmomente werden so immer nur aus der begrenzten subjektiven Perspektive der Einzelfiguren, durch Reflexionen der Gesprächspartner kommentiert, teilweise mehrfach perspektivisch gebrochen vermittelt und oft ohne Deutung oder Wertung nebeneinandergestellt.

Tafelbild

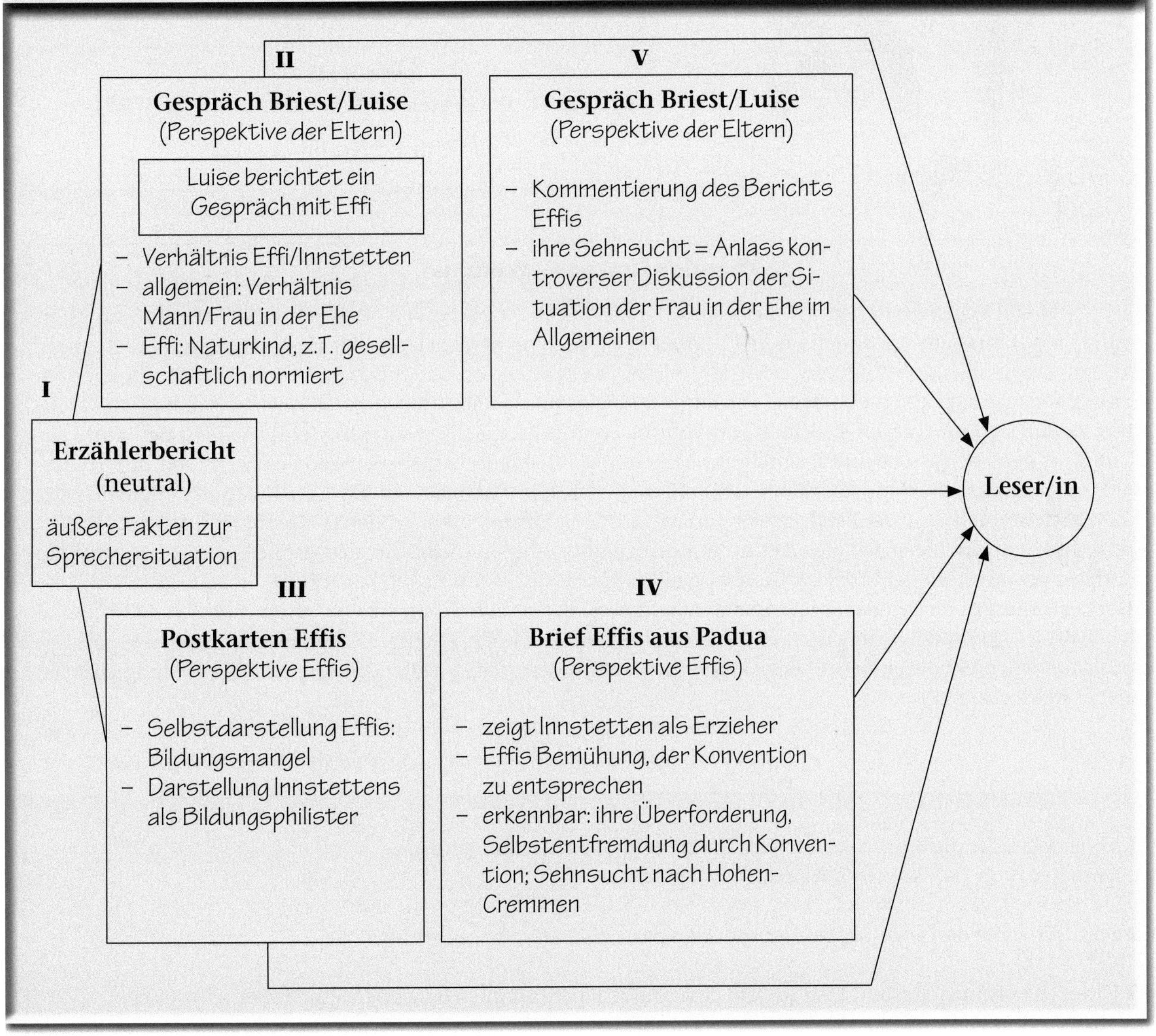

II

Gespräch Briest/Luise
(Perspektive der Eltern)

> Luise berichtet ein
> Gespräch mit Effi

– Verhältnis Effi/Innstetten
– allgemein: Verhältnis
  Mann/Frau in der Ehe
– Effi: Naturkind, z.T. gesellschaftlich normiert

V

Gespräch Briest/Luise
(Perspektive der Eltern)

– Kommentierung des Berichts
  Effis
– ihre Sehnsucht = Anlass kon-
  troverser Diskussion der Situation der Frau in der Ehe im
  Allgemeinen

I

Erzählerbericht
(neutral)

äußere Fakten zur
Sprechersituation

III

Postkarten Effis
(Perspektive Effis)

– Selbstdarstellung Effis:
  Bildungsmangel
– Darstellung Innstettens
  als Bildungsphilister

IV

Brief Effis aus Padua
(Perspektive Effis)

– zeigt Innstetten als Erzieher
– Effis Bemühung, der Konvention
  zu entsprechen
– erkennbar: ihre Überforderung,
  Selbstentfremdung durch Konvention; Sehnsucht nach Hohen-
  Cremmen

Leser/in

▶ **3** Dieses Strukturmodell verdeutlicht die im Kapitel vorherrschende literarische Kommunikation zwischen Erzähler und Leserinnen/Lesern. Da in *Effi Briest* das Gespräch die weit gehend bestimmende epische Darbietungsform ist, kann es – allerdings nur bedingt, da weitere Darbietungsformen (v. a. innerer Monolog und Selbstgespräch) hier fehlen – Fontanes Perspektivismus verdeutlichen. Diese Erzählstruktur bildet insofern eine Entsprechung zu Fontanes Skeptizismus, wie er sich z. B. im offenen Schluss manifestiert, als sie die erzählten Vorgänge und Wertungen im Allgemeinen an die Seh- und Erlebnisweisen der einzelnen Personen bindet und so immer wieder relativiert.

Fontanes Realismus-Auffassung im Vergleich

akg-images

Gustave Flaubert   *Literatur der Präzision*

Die Literatur wird mehr und mehr das Gebaren der Wissenschaft annehmen; sie wird insbesondere darlegend sein, was nicht heißen will, didaktisch. Man muss Gemälde schaffen, die Natur zeigen, wie sie ist, aber vollständige Gemälde, man muss das Oben und das Unten schildern. Es ist an der Zeit, ihr durch eine unerbittliche Methode die Präzision der physikalischen Wissenschaften zu geben.

Gustave Flaubert: Briefe. Hrsg. von Helmut Scheffel.
Stuttgart 1964, S. 248 u. 366

Arno Holz
Die Kunst. Ihr Wesen und ihre Gesetze (1891/92)

$$Kunst = Natur - x$$

Theodor Fontane   *Realismus*

[…] Vor allen Dingen verstehen wir nicht darunter das nackte Wiedergeben alltäglichen Lebens, am wenigsten seines Elends und seiner Schattenseiten. […] Aber es ist noch nicht allzu lange her, dass man (namentlich in der Malerei) *Misere* mit Realismus verwechselte und bei Darstellung eines sterbenden Proletariers, den hungernde Kinder umstehen, […] sich einbildete, der Kunst eine glänzende Richtung vorgezeichnet zu haben. Diese Rich-
5   tung verhält sich zum echten Realismus wie das rohe Erz zum Metall: Die Läuterung fehlt. Wohl ist das Motto des Realismus der Goethe'sche Zuruf: „Greif nur hinein ins volle Menschenleben,/Wo du es packst, da ist's interes-sant", aber freilich, die Hand, die diesen Griff tut, muss eine künstlerische sein. Das Leben ist doch immer nur der Marmorsteinbruch, […] Der Block an sich, nur herausgerissen aus einem größern Ganzen, ist noch kein Kunst-werk, und dennoch haben wir die Erkenntnis als einen unbedingten Fortschritt zu begrüßen, dass es zunächst des
10 Stoffes, oder sagen wir lieber *des Wirklichen*, zu allem künstlerischen Schaffen bedarf […]
[Der Realismus] ist die Widerspiegelung alles wirklichen Lebens, aller wahren Kräfte und Interessen im Elemente der Kunst.[…] Er umfängt das ganze reiche Leben, das Größte wie das Kleinste […] Denn alles das ist *wirklich*. Der Realismus will nicht die bloße Sinnenwelt und nichts als diese; er will am allerwenigsten das bloß Handgreifliche, aber er will das Wahre.

Theodor Fontane: Unsere lyrische und epische Poesie seit 1848. In: ders.: Aufsätze zur Literatur.
Hrsg. von Kurt Schreinert. München: Nymphenburger Verlagshandlung 1963, S. 12 f.

▶ **1** Vergleichen Sie die drei Realismus- bzw. Kunstdefinitionen miteinander.
Wo kann man von „konsequentem Realismus" sprechen?

▶ **2** Zu welcher der drei angeführten Definitionen passt die Karikatur? Begründen Sie.

▶ **3** Unter „Realismus" versteht man sowohl einen Epochenstil als auch eine überzeitliche Schreibweise.
In welchem Sinne gebraucht Fontane hier den Begriff?

▶ **4**
a Halten Sie die Gedankenschritte in Fontanes Text fest und
b verdeutlichen Sie seine Realismus-Auffassung, indem Sie die Begriffe „umfassende Wirklichkeit" – „das Wahre" – „künstlerische Widerspiegelung" – „Künstler" zueinander in Bezug setzen.
Wo würden Sie hierbei Begriffe wie „Läuterung" und „literarische Form" oder „Struktur" unterbringen?

▶ **5** Inwieweit können Sie Fontanes Realismus-Verständnis auf *Effi Briest* übertragen?

Fontanes Realismus-Auffassung im Vergleich

▶ **1** Konsequenten Realismus vertreten Flaubert und Holz, die beide ihre Auffassungen eng an die Naturwissenschaft anlehnen. Holz spricht mit seiner Formel stärker das Ergebnis an, das eine Wirklichkeitskopie darstellen soll, bei welcher der vermittelnde Eingriff des Künstlers (die Größe x) möglichst gering erscheinen soll. Arno Holz gilt deshalb auch als der Verfechter eines konsequenten Naturalismus. Flaubert zielt vordringlich auf den Schaffensprozess, die Methode, die eine solche umfassende Wirklichkeitsillusion ermöglichen soll: den wissenschaftlichen Zugriff auf den Gegenstand, d. h. leidenschaftslose, distanzierte Beobachtung.

Gegenüber diesen beiden Positionen wirkt Fontane stärker dem poetischen Realismus des 19. Jahrhunderts verhaftet.

▶ **2** Die Karikatur illustriert am Beispiel der Haltung Flauberts seiner Heldin Emma Bovary gegenüber das fast wissenschaftliche Interesse des Autors an seinem Gegenstand und den von ihm geforderten methodischen Zugriff.

▶ **3** Für Fontane ist Realismus als wahre Kunst epochenunabhängig, im Textauszug versteht er unter Realismus eine Schreibweise. (Unabhängig davon erklärt er an anderer Stelle Realismus zur Signatur seiner „unsere[r] Zeit".)

▶ **4**

a Gedankenschritte:

    1 Unterscheidung von Naturalismus und Realismus (Definition ex negativo)

    2 Realismus als Widerspiegelung des wirklichen Lebens mit den Mitteln der Kunst

b

Tafelbild

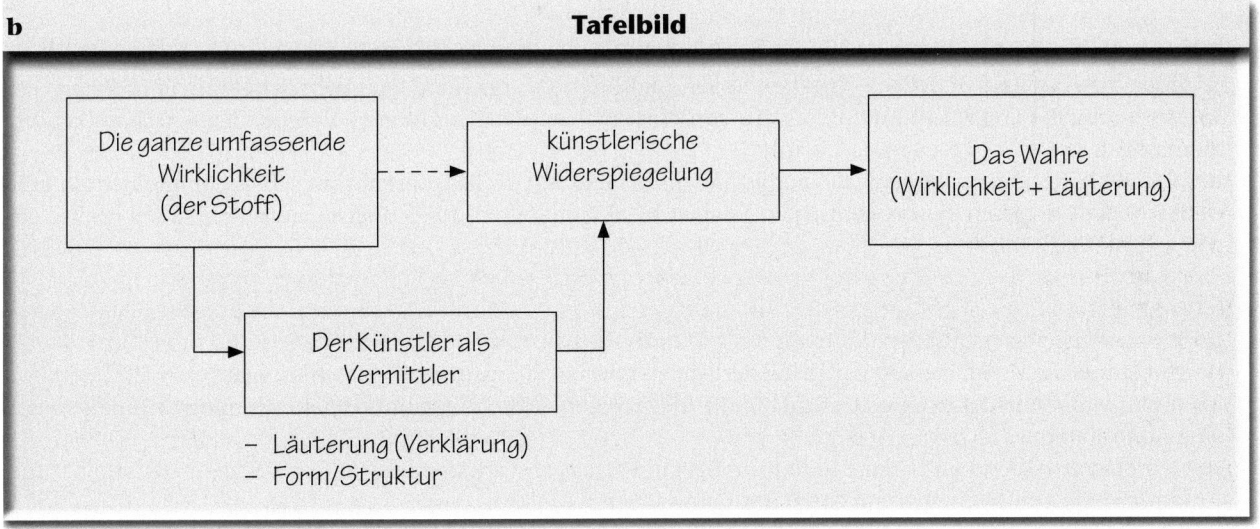

▶ **5**

Der Stoff

– aus der Wirklichkeit gegriffen (Ardenne-Affäre)

– zeithistorische Bezüge durch Fiktion verstärkt (z. B. Topografie Berlins, Anspielung auf aktuelle Berliner Ereignisse und politische Situation)

Läuterung (künstlerische Komposition/Struktur)

– Deutung der Wirklichkeit → höhere Wahrheit (↔ nackte Wirklichkeit des Naturalismus)

– Natursymbolik (Schloon, Heliotrop, Garten in Hohen-Cremmen)

– Struktur insgesamt

– Verklärung

Es ist dabei zu betonen, dass es sich um den spezifisch fontaneschen Realismusbegriff handelt, der sich vom konsequenten Realismus der Naturalisten weit entfernt hat. Obwohl seine Ästhetik dem 19. Jahrhundert verhaftet ist, weist gerade seine Erzähltechnik in *Effi Briest* in Einzelzügen, wie etwa in der Zurückdrängung der Erzählfunktion (vor allem der auktorialen Erzählsituation) zu Gunsten perspektivischer Verfahren und im Einsatz symbolistischer Techniken deutlich über den Realismus hinaus.

Analyse eines Romanausschnittes

Textgrundlage

Ausschnitt aus dem 19. Kapitel: SBB, S. 174_{28}–179_3

Aufgabenstellung

▶ **1** Ordnen Sie den Textausschnitt in den Erzählzusammenhang ein und formulieren Sie Ihr Gesamtverständnis.

▶ **2** Untersuchen Sie die Darstellung der Gesellschaft unter besonderer Berücksichtigung folgender Aspekte:
a die einzelnen Personengruppen in ihrem Verhalten und ihren Wertvorstellungen,
b das Verhältnis von Anspruch und Wirklichkeit im Verhalten der Personen und die Bedeutung von Handlungsrahmen und Handlungszeit in diesem Zusammenhang,
c das Gesamtbild dieser Gesellschaft im Hinblick auf die Autorintention.

▶ **3** Analysieren Sie sprachliche und erzählerische Mittel in ihrer Funktion für die Autorintention.

▶ **4** Zeigen Sie an dem Textausschnitt Fontanes Realismusauffassung auf.

Hinweis: Wenn nicht der Originaltext aus der Suhrkamp BasisBibliothek zu Grunde gelegt wird, sollte der vervielfältigte Text mit erklärenden Anmerkungen zu den erwähnten Bildern von Nettelbeck, des Marienburger Remters und des Flügelaltars von Memling versehen werden.

Lösungshinweise

▶ **1**
– *Effi Briest* als Ehe- und Gesellschaftsroman, in dem am Beispiel der jungen Effi Briest und ihrer gescheiterten Ehe der Konflikt zwischen individuellem Glücksverlangen und Menschlichkeit auf der einen Seite und einer rigoros die Unterwerfung des Einzelnen unter ihre Werte fordernden Gesellschaftsordnung auf der anderen Seite vorgeführt wird.
– inhaltliche Einordnung; Stellenwert der Episode im Hinblick auf die Autorintention (z. B. Zusammentreffen Effis und der Repräsentanten dieser Gesellschaft; Thematik des Romans in nuce; Situierung unmittelbar vor Beginn der Affäre Effis mit Crampas)

▶ **2 a**
– im Wesentlichen zwei Gruppen: Vertreter des erzkonservativen pommerschen Landadels und der Landrat Baron von Innstetten, in einem Zweckbündnis mit dem neureichen konservativen bürgerlichen Oberförster als Gastgeber; auf der anderen Seite Cora (stellvertretend für Effi, die in diesem Ausschnitt stumm bleibt, aber von Sidonie gemeint ist) und Crampas
– spielerisch kokettierend sind Cora, Kindfrau und Femme fatale, als Verkörperung des „natürlichen Menschen", und Crampas einfach nur sie selbst und damit normabweichend
– In ihrer moralischen Entrüstung darüber zeigt die ulatrakonservative Sidonie sich nach außen hin den traditionellen preußischen Idealen Zucht, Pflicht, Prinzipientreue verpflichtet. Die Stärkung dieser Wertvorstellungen fordert sie auch von den zu laschen Vertretern der Kirche.
– Güldenklees Kritik am Toleranzgedanken der Ringparabel und seine Verherrlichung des altpreußischen Mottos (S. $178_{18f.}$): glühender Anhänger religiöser Orthodoxie, überzeugt von der christlichen Legitimation der staatlichen Macht Preußens; Borckes Chauvinismus

▶ **2 b**
– Entlarvung Sidonies als Heuchlerin: Verdammung sinnlicher Genüsse (unterdrückte eigene Sexualität) versus begieriges Zugreifen dort, wo sie sich ihr bieten
– Diskrepanz zwischen (alt)preußische Tugenden und ständestaatliche Tradition verherrlichenden Bildern und gesellschaftlicher Wirklichkeit: Patina des Nettelbeckbildes, alter Adel (insbesondere wieder die auf Einhaltung der gesellschaftlichen Ordnungen pochende Sidonie) genießt (entgegen dem altpreußischen Motto des Mehr-Sein-als-Scheinen) das glanzvolle Ambiente und üppige Mahl im Haus des neureich protzenden bürgerlichen Försters
– symptomatisch und das Thema des Romans wieder aufgreifend, die Handlungszeit: Weihnachten, das christliche Fest der Familie, verknüpft mit Werten wie Liebe und menschliche Zuwendung, wird unterdrückt durch z. T. aggressive gesellschaftliche Wertvorstellungen

▶ 2 c
- Autorintention: Darstellung der Gesellschaft als Macht, die den Einzelnen unterwirft und kontrolliert, dem natürlichen Menschen Normen diktiert, die seine Natur (sinnliche Triebe) bändigen (hier Cora stellvertretend für Effi); einer Ständegesellschaft, die selber Brüche aufweist, deren Heuchelei und Doppelmoral als Verrat der eigenen Ideale

▶ 3
- Karikatur dieser Gesellschaft in Einzelzügen und erzählerische Ironie: Erwähnung des Jüngsten Gerichts im memlingschen Altarbild, das hier anscheinend unter Sidonies Vorsitz über die moralischen Verfehlungen Coras, Crampas', aber auch pflichtvergessener Eltern, Erzieher und Kirchenvertreter – letztlich den ganzen als dekadent empfundenen „Geist der Zeit" – tagt; Ironisierung des hohen moralischen Anspruchs in der Sprachhaltung Sidonies durch übertreibende biblische und mythologische Beschreibungskategorien (S. 177_{9-12})
- Zurückhaltung des Erzählers selbst: entlarvendes Nebeneinander der Standpunkte (vgl. z. B. Innstettens trocken sarkastischen Kommentar zu Borckes chauvinistischer Apotheose des Preußentums, Kontrastierung von Sidonies „Verdammungspredigt" mit ihrem Verhalten)
- erzählerische Gleichsetzung Coras mit Effi u. a. über das Attribut des rotblonden Wellenhaars und damit Annäherung beider an den Bereich der Elementarwesen, die sich der Domestizierung durch die Gesellschaft entziehen (vgl. hier S. 15)
- Vorausdeutung auf bevorstehenden Ehebruch Effis mit Crampas im Verhalten Coras und Crampas', auf das „tyrannisierende Gesellschafts-Etwas" in der Gestalt Sidonies

▶ 4
- aus der Wirklichkeit gegriffener Stoff (Rohmaterial): authentische Wiedergabe aktueller gesellschaftlich-politischer Positionen, hinterpommersche Ständegesellschaft als Gesellschaft im Übergang (zeithistorischer Bezug)
- Wirklichkeitsillusion durch szenisch-perspektivische Komposition im Wechsel mit neutraler Erzählsituation und gelegentlichem, meist ironischem Erzählerkommentar
- Läuterung (künstlerische Komposition): ironische Brechung der reaktionären Standpunkte, Symbolik der Bilder, Deutung des Wirklichkeitsausschnitts durch ein künstlerisches Subjekt

Quellenverzeichnis

S. 4:   rechte Abb. entnommen aus: Klaus Jürgen Sembach: Jugendstil. Die Utopie der Versöhnung. Köln: Taschen 1993, S. 110

S. 12:   Abb. Therese Ravené mit ihrem Gatten August (1872), entnommen aus: Fontane und sein Jahrhundert, a. a. O., S. 165

S. 18:   Abb. entnommen aus: Ōkyo and the Maruyama-Shijo School of Japanese Painting. The St. Louis Art Museum 1980, S. 119

S. 26:   Abb. entnommen aus: Fontane und die bildende Kunst. Hrsg. v. Claude Keisch, Peter-Klaus Schuster und Moritz Wullen. Staatliche Museen zu Berlin, Nationalgalerie. Berlin: Henschel Verlag o. J., S. 314

S. 30:   linke Abb.: Duell zwischen Alexander Hamilton und Aaron Burr, Weehawken, New Jersey, 11.7. 1804

S. 32:   Abb. entnommen aus: Fontane und die bildende Kunst, a. a. O., S. 88

S. 36:   Vignette zu „Nora" von Klaus Ensikat, Berlin

S. 38:   Abb.: Deutschland, Herbstimpression 1. 11. 2005

S. 38:   vollständige Quellenangabe des Gedichtbandes: Deutsche Gedichte. Von den Anfängen bis zur Gegenwart. Auswahl für Schulen. Hrsg. v. E. K. Paefgen und P. Geist. Berlin: Cornelsen 2010 (978-3-06-061932-0)

S. 44:   Abb: A. Lernot: Flaubert seziert Madame Bovary (Karikatur, 1869)

Literaturhinweise

Andermatt, Michael: „Es rauscht und rauscht immer, aber es ist kein richtiges Leben." Zur Topografie des Fremden in Fontanes ‚Effi Briest'. In: Theodor Fontane am Ende des Jahrhunderts. Internationales Symposium des Theodor-Fontane-Archivs zum 100. Todestag Theodor Fontanes 13.–17. September 1998 in Potsdam. Hrsg. v. Hanna Delf von Wolzogen in Zusammenarbeit mit Helmuth Nürnberger. Würzburg: Königshausen & Neumann 2000, S. 189–199

Bartmann, Dominik (Hrsg.): Fontane und sein Jahrhundert. Berlin: Henschel Verlag 1998

Beutel, Eckart: Fontane und die Religion. Neuzeitliches Christentum im Beziehungsfeld von Tradition und Individuation. Gütersloh: Christian Kaiser Verlag/ Gütersloher Verlagshaus 2003

Fontane, Theodor: Werke, Schriften, Briefe. Hrsg. v. Walter Keitel, Helmut Nürnberger. Abteilung I, Bd. 4. München: Hanser 1974 (HFA I/4)

Fontane, Theodor: Briefe in zwei Bänden. Bd. 2. Hrsg. v. Gotthard Erler. München: Nymphenburger Verlagshandlung 1981

Fontane und sein Jahrhundert. Hrsg. v. d. Stiftung Stadtmuseum Berlin. Berlin: Henschel Verlag 1998

Grawe, Christian: Führer durch Fontanes Romane. Ein Lexikon der Personen, Schauplätze und Kunstwerke. Stuttgart: Reclam 1966

Hamann, Elsbeth: Theodor Fontane. Effi Briest. München: Oldenbourg [4]2001

Lübbe, Hermann: Fontane und die Gesellschaft. In: Preisendanz, Wolfgang (Hrsg.): Theodor Fontane. Darmstadt: Wissenschaftliche Buchgesellschaft 1973, S. 354–400

Müller-Seidel, Walter: Theodor Fontane. Soziale Romankunst in Deutschland. Stuttgart: Metzler 1975

Ohl, Hubert: Bild und Wirklichkeit. Studien zur Romankunst Raabes und Fontanes. Heidelberg: Lothar Stiehm Verlag 1968

Ohl, Hubert: Melusine als Mythos bei Theodor Fontane. In: Koopmann, Helmut (Hrsg.): Mythos und Mythologie in der Literatur des 19. Jahrhunderts. Frankfurt a. M.: Klostermann 1986, 289–305

Reisner, Hanns-Peter; Siegle, Rainer: Lektürehilfen Theodor Fontane „Effi Briest". Stuttgart: Ernst Klett Verlag [9]2001

Remak, Henry H.: „Der Strandritt. Zwei Textanalysen aus dem 17. Kapitel von ‚Effi Briest'". In: Revue d'Allemagne 14 (1982), S. 277–288

Schmutzler, Robert: Art Nouveau – Jugendstil. Stuttgart: Hatje 1962

Schuster, Peter-Klaus: Theodor Fontane „Effi Briest". Ein Leben nach christlichen Bildern. Tübingen: Niemeyer 1978

Steinbach, Gabrielle: Theodor Fontane „Effi Briest". Interpretationshilfe DEUTSCH. Freising: Stark Verlag 2004

Waniek, Erdmann: Beim zweiten Lesen: Der Beginn von Fontanes „Effi Briest" als verdinglichtes Tableau vivant. In: The German Quarterly. Cherry Hill, NJ Bd. 55, 1982, S. 164–174

Ziegler, Edda; Erler, Gotthard: Theodor Fontane. Lebensraum und Fantasiewelt. Berlin: Aufbau Verlag 1996